D1721094

tarih
anadolu'da devrimci isyanlar
mehmet özgür ersan

ISBN 978-605-5045-16-6
1.Basım, İstanbul, Temmuz 2014, 1000 Adet
Genel Seri:47   Tarih Serisi:1

Tilki Kitap©
www.tilkikitap.com
www.tilkimagaza.com
tilkikitap@gmail.com

Genel Yayın Yönetmeni: Emrah Çelik
Editör: Benjamin AE
Kapak Tasarımı: Ajans Tilki
Kapak Görseli: Şah İsmail
Mizanpaj: Kule Mizanpaj
Engin Matbaacılık/Topkapı

anadolu'da devrimci
isyanlar

Anadolu'da Ütopik Sosyalizm Kökenleri

mehmet özgür ersan

İÇİNDEKİLER

GİRİŞ

Öncelikle böyle bir kitabın gerekliliği üzerine biraz konuşmak gerekirse resmi tarihin tahrif ettiği kültür kökenlerimizin tarihsel materyalizmin ışığında yeniden yazılması ve diğer yanıyla önümüzdeki çetin günlerde mücadele cephesinde yurtsever sanatçıların görev bilinciyle kendi yapabileceklerinin sınırında bir şeyler üretmektir. Anadolu'nun ve onu etkileyen çevre coğrafyaların yani Doğu'nun Büyük Devrimci Önder ve Düşünürlerinin hayatı, fikirleri ve mücadelesi üzerine kurulmuştur.

Doğu Kültürü derken 16-17. yüzyılların öncesindeki Arap, Fars, Türk, Hint ve Çin Uygarlıklarını kastettiğini hemen belirtmemiz gerekiyor. Doğu kavramı Aydınlanma sonrası Avrupa'nın belirlediği bir kavramdır. En fazla 500 yıllık bir tarih kesitini anlamlandırmaktadır. Nasıl dünün toplumları için Doğu ve Batı kavramı bir anlam içermiyorsa geleceğin toplumları içinde bir anlam ifade etmeyecektir.

Avrupamerkezci bakış Doğu Toplumlarının Ütopya üretemediğini iddia eder. Bu tamamen yanlış bir kavrayıştır. Örneklerini biraz sonra vereceğimiz gibi aslında Avrupa Avrupa olmazdan evvel Doğu Toplumları kaynağını Doğu Masallarına dayandırdıkları birçok ütopya üretmiştir. Öncelikle Ütopya nedir diye sorarsak . ".. en iyi tanım sözcüğün kökeninde, yani Grekçe'sinde yatıyor: 'olmayan yer'. Fakat bu 'hiç olmayacak yer' olarak anlaşılmamalı . Çoğu ütopya yazarı ve kurucusu, eserlerini, hiçbir zaman olamayacak bir şey olarak kurgulamıyor. Dolayısıyla her tasarım gibi ütopyaların da bugünle ve geçmişle bir tarih bağlantısı vardır ve tarihseldir. Ütopya yazarları, yaşadıkları dönemin kendilerine rahatsızlık veren olgularından hareketle, bu rahatsızlıkların yok olduğu bir toplum ve coğrafya tasarımı. (1)

Buradan açıkça algılanacağı gibi sınıfsız toplumdan sınıflı topluma geçişte insanoğlu eski güzel günlerin özlemiyle ilk günah ile cennetten kovulma yada Pandora'nın kutusunun açılmasıyla bütün kötülüklerin yayılması örneklerinde olduğu gibi hep kendini suçlamıştır. Bunun içinde ütopyasını geçmiş tarih kesitiyle ve Atlantis gibi ideal yarı masalsı uygarlıkların coğrafyasıyla özdeşleştirmiştir. Bütün bunlara rağmen ütopya bir yanıyla da gelecek tahayyülü de içerir aydınlanmayla birlikte insan aklının özgürleşmesi tarihi kavramının netleşmesi geçmişi yeniden diriltecek projelerin ortaya dökülmesi siyaset arenasında devrimci fikirlerin yıkıcı ve yenileyici çekiciliğiyle büyük toplum projelerine dönüşür.

"Ütopya bir gelecek tasarımı yapar, çoğu zaman ideal bir topulum projesi koyar;ama o projeye nasıl ulaşacağının üzerinde durmaz. Tasarladığı yapıya atlayıverir. Siyaset bilim ve gelecek bilimi, olası süreçleri tartışır ve modeller kurgular. Ütopyada ise süreç yoktur;ütopya, işte tüm özellikleriyle ordadır.

Kısacası, ütopya kavramını, geleceğe ilişkin ideal birey ve toplum projeleri (düşleri demek belki daha doğru) kurgulamak anlamında kullanıyoruz. "(2)

İlk Ütopya örnekleri Avrupa da her ne kadar Thomas Morus Utopia'sı(1516) Campanella (Güneş Ülkesi) Francis Bacon (Yeni Atlantisi) olarak bilinse de. Onlar kendilerini ünlü Antik Yunanlı Filozofu Platon'un Devlet' ine dayandırarak yani M. Ö. 500 civarından ilk ütopya yazılmış ve 2 Bin yıl sonra (Rönesans –Yeniden Doğuş ile birlikte) ütopya yeniden canlandırıldığını öne sürseler de Eski Çin kaynaklarında 2000 yıl önce Konfüçyüsün rituellerini anlatan Ritueller Üzerine Notlar adlı kitabından aktarılan şu sözler bize Doğunun da ütopyaları olduğunu kanıttırlar.

"Büyük yol izlendiğinde, tüm dünya ortak mülk olur. En kudretli ve en faal olan lider seçilir; hakikat söylenir ve dirlik düzenlik sağlanır. Böylece insanlar yalnız kendi aileleri ve yalnız kendi çocuklarına çocukları olarak muamele etmekle kalmazlar. Yaşlılara yaşamlarının sonuna kadar sükunetle yaşayacakları, gücü kuvveti yerinde olan adamlara çalışacakları ve gençlere kendilerini daha fazla geliştirecekleri bir yer bulmaya özen ve gayret gösterirler. Dul erkekler ve dul kadınların, yetimler, öksüzler ve çocuksuzların ve hatta hastaların, bunların hepsinin iaşeleri toplum tarafından sağlanır. "(3)

Marx ve Engels tarihsel materyalist yöntemleriyle burjuva tarihçilerin bu Avrupa merkezci bakış açısını kırmaya çalışıp Asya Tipi Üretim Tarzı tespitleriyle bir başlangıç yaptıkları unutmadan doğuyu kültürsüz cahil diye suçlayan emperyalist zihniyet Irak'taki müzeleri soyarken aslında bir yanıyla da bütün dayanaklarımızı çürütmenin yollunu açmıştır. Bu unutulmamalıdır. Bu gün tarih ve ütopya yeniden tanımlanmalı gerekirse yeniden yazılmalıdır. "O halde, tamamen Avrupalı toplumların tarihsel deneyiminden üretilmiş yöntem ve kavramlarla diğer toplumlara bakıp o kavramlar bulunulamadığında 'yokmuş' demek yerine; o toplumların kendi özgüllerinden yola çıkarak daha evrensel bir senteze ve daha gelişmiş ve kapsayıcı kavramlara ulaşmaya çalışmak gerekir. Elimizde başarıyla denenmiş bir de yöntem var:Tarihsel Materyalizm. "(4)

Doğuda toplumlarında ütopya olup olmadığına bakmak için bu toplumların siyası düşünce tarihine bakmak gerekir: "Çinli Komutan Sun Tzu 'nun Savaş Sanatı (MÖ 400 civarı) Hintli Vezir Kautilya'nın Arthaşastra (MÖ 300 civarı) Selçuklu Veziri Nizamülk'ün Siyasetname(11 yüzyıl)adlı eserleri Konfüçyüsün çoğu öğrencileri tarafından derlenen (MÖ 500 civarı) öğretilerine, Hz. Muhammedin'in Kuran'ına . . . Farabi, İbni Sina, Ebu Yusuf, El-Maturudi, El-Bağdadi, Gazali, Tusi ve İbn Haldun'un ünlü eserlerine, Koçi Beyin 16307da yazdığı Nasihatname'sine Hallac'ı Mansur'un Tavasin'e Şeyh Bedrettin'in Varidatı'na . . . "(5)

Kısaca Doğunun ütopyası vardır ve bu ütopyada biz öncelikle bizi ilgilendiren kısmı olan Anadolu ve Anadolu'ya yakın coğrafyada onu etkileyen devrimci önder ve düşünce insanlarını inceleyeceğiz. Anadolu'nun bir ilkler toprağı olduğunu tespit edip bu topraklardan kendi devrimimizin köklerini bulmaya çalışacağız.

"1204'te, Batıya doğru ilerleyen Moğollar'ın önünden Müslüman aydınların Horasan, Bağdat, Hoy gibi kültür kentleri üzerinden Anadolu'ya akmaktadır. Bu geliş 1230'lara değin 25-30 yıl sürecektir. Bağdat'tan Şeyh Evhadü'd Din'i Kirmani;Kızı Fatma (Kadıncık Ana) ve müridi genç Nasiru'd Din Mahmud'la (Ahi Evren/Nasreddin Hoca) birlikte gelir, Kayseri'ye yerleşir: Hace(Anlatıcı) Bektaş Horasan'dan gelip Baba İlyas'a mürid olur. Mevlana Belh'den kalkıp Bağdat yoluyla Anadolu'ya aynı dönemde girer, Konya'ya yerleşir. Anadolu'da da aydınlar yetişir. Bunlar, Baba İlyas, Baba İshak; Tapduk, Yunus ve Said Emre'ler, Aşık Paşa gibi Sufilerdir. "(6)

Anadolu'da bütün bir halkın çoluk çocuk kendi düzenlerini kurmak için ilk kalkışı ve dünyanın ilk "vatan savunması" olmuştur bunu biliyor muydunuz ? ; "Selçuklular, Türkmenler'in güçlendirdiği budun hareketini önlemek için önderleri Baba İlyas'ı 1240'ta idam edince Anadolu'nun her yanından Türkmenler çoluk çocuk ayaklanır, Konya üzerine yürürken Hıristiyan askeri takviyeli Selçuklu ordusu tarafından inanılmaz bir kırımla Kırşehir'de, Malya Ovası'nda durdurulur. Devleti ele geçirmek üzere yürürken can veren bu insan selinin Konya'daki gibi olmayan ütopik bir 'doğru devlet' düşü olmalı değil midir?"

"Yine 1241'de Moğollar Anadolu'ya da gelir. Kayseri'de Ahi Evren ile Eşi Fatma Ana, Anadolu Ahileri ile birlikte dünyanın ilk 'vatan savunması'nı yapar. Moğolları 15 gün Kayseri önlerinde zorlar. Bu savunmanın önemli özelliği, ilk kez sahip Allah'ın mülkü için değil, insanın kendi öz vatanı için yapılmış olmasıdır. Ardından kendilerini sahip Allah'ın vekili sayan Selçuklu Sultanları, Konya ve Anadolu kapılarını direnmeden açarlar. Selçuklu sultanları Moğol valisi konumuna düşer. " (7)

Kısacası Anadolu'da oluşan yeni kavramlar şunlardır;

"-Baba İlyas'ın idam edilmesi, ileride ulus hareketlerine dönüşecek olan bir budun bilincini, Türkmenlik/Türkmencilik bilincini ortaya çıkarmıştır.

-Bu bilinç, Hace Bektaş, Yunus Emre ve Aşık Paşa aracılığıyla dil bilincini oluşturmuş, o güne değin Farsça ve Arapça konuşan kültür dili Türkçe'ye dönüşmüştür.

-Kendini 'kul' gören, yarattığı en özgün yapıtları bile Tanrını kulu olarak, onun adına ve isteğiyle yarattığını düşünen, bu nedenle de o güne değin yapıtlarına imza koymayan insanoğlu, Yunus'la her şiirine, her yapıtına kendi öz işaretini, imzasını koymaya başlamıştır.

-Tanrının sahibi olduğu 'mülk'ün', Ahi Evren, Şeyh Nasiru'd Din Mahmud'un vasiyetnamesi "Ağaz ü Encam'da bireyin miras hakkını savunularak

-Anadolu'da, Tanrı vekili sultan denetimi dışında, şimdiye değin hiç bilinmeyen bir yönetilen(halk) örgütlenmesi ortaya çıkmıştır. Bu, önderliğini üretici esnafın yaptığı, Ahiyan-ı Rum(Anadolu Ahileri)ile yönetilenlerin birbirine eşit görevlerle anlaşılmasını sağlayan Bacıyan-ı Rum (Anadolu Bacıları), Abdalan-ı Rum(Anadolu Abdalları)Gaziyan Rum (Anadolu Gazileri/Askerleri) örgütlenmesidir. Bu görev kesimleri arasında hiyerarşik bir yapı yoktur. Hiçbiri birbirine üstün değildir. Yapının temeli, aristokrat toplumsal yapının tam tersidir. Tanrısal bir hiyerarşi anlaşıyla değil, dayanışmacı ve eşitlikçi bir birlikte yönetim anlayışıyla oluşmuştur ... Ankara'yı dünyada ilk kez yönetilenlerin yönetim için bir labaratuar olarak kullandılar. 1265'te kurulup 1350'li yıllara değin Ankara Ahi Devleti yaşadı. "(8)

Bu devlet daha sonra Osman ve Orhan Bey zamanında Osmanlı Devletine katıltı. Osmanlı'nın ilk dönemlerindeki "Anadolu Dayanışmacı Devleti " olduğu yöneticilerinin Gazilerin oluşturduğu bir kuruldan seçildiği biliniyor. İşte bu dönemde Şeyh Edebali'nin katkılarıyla Osmanlı Beyliğine katılarak son bulmuştur. Ancak dedeleri 'Gazi' ismini alırken aristokratik karşı devrimle 1. Murat Hüdavendigar(Efendi) zamanında bu gelenek tamamen kaybolmuştur. Osmanlıyla bu aristokratik karşı devrime karşı ütopik direniş Çelebi Memet zamanında Şeyh Bedrettin müridleri Börtlüce Mustafa ve Torlak Kemal tarafından verilmiş. Onların ütopyası ise Şeyh Bedrettin'in Varidat'ıdır.

F. Engels, Ortaçağ'a ilişkin olarak şöyle diyordu; "Ortaçağ, felsefe, politika, hukuk gibi ideolojinin tüm biçimleri teolojinin alt dalları olarak görüyordu. Yığınların duygu dünyaları yalnızca dinsel kılık altında gösterilebilirdi."

Bedreddin de şöyle söylüyordu: "Bilinçli kişi, kimsenin bilmediğini yapıp yürüten, kimsenin göremediğini görendir. Böyle bir insan bildiği her şeyi söyleyecek olursa, onu yaşatmazlar."

Ve müridlerine şu öğüdü veriyordu: "Karşınızdakilerin bilmedikleri şeyleri onların bildikleri deyimlerle ve kavramlarla açıklayın."

Bedreddin öyle bir dönemde yaşıyordu ki, düşüncelerinde doğal olarak, tarihsel gelişme ve maddi yaşamın dayattığı nesnel koşullardan değil, geleneksel dinsel metinlerin yorumlanışından yola çıkıyordu. Ancak Bedreddin'in yorumları çoğu kez dini kesimlerin yorumlarına ters düşen, din sapkınlığı zındıklık olarak nitelenen yorumlardı.

Anadolu Devriminin isyancı kökenlerini araştırmaya ilk Hallacı Mansur'la başladık. Bu süreç bizi Şeyh Bedrettin, Kathar Şövalyeleri, William Blake ve Halil Cibran'a kadar götürmüştü. Kathar Şövalyelerinin yani Bogomillerin yayılma bölgeleri olarak İngiltere'nin içinde olduğu Avrupa'nın birçok bölgesini saymıştık. İngiliz gravürcü William Blake, Hallac'tan etkilenmiş kendisinden sonra gelen Halil Cibran'ı etkilemişti. Yaptıkları resimler, gravürlerin benzerliği felsefeleri ve şiirlerinin örtüşüklüğü elbette tesadüf değildi. Hallacı Mansur'un 'gönül gözü'nü açmak ve dünyaya o gözle bakmak derken William Blake'e bu 'algı kapılarını' açmak olarak ve 1968'de yükselen gençlik hareketinin temsilcilerinden Jim Morrison'un kurduğu müzik topluluğuna The Doors (Kapılar) adıyla yansımıştır.

Bu düşüncenin köklerinde ilkel komünal toplumdan kalma köleciliğe ve feodalizme geçmemiş göçebe toplulukların dinsel formasyonu ve geçtikleri bölgelerde çeşitli kültürlerle harmanlanmış içerisinde Budizm'den Şamanizm'e Gök Tanrı Dinin'den bunları karışımı Maniheizm'e ve Antik Yunan'ın diyalektik görüşlerine kadar birçok düşünceyi barındıran heteredoks (karışık, birden fazla) Tasavvufi İslam (Batınilik) ve Mistik Hıristiyanlık'tır. Bu düşünce Despotik Sınıfçı Ortodoks Hıristiyanlık ve Ortodoks (Şeriatçı) İslam'a karşı bu dine zorla geçirilen ve geçmemek için yüzlerce yıl savaş veren topluluklarda ortaya çıkmıştır.

Elbette amacımız Marx ve Engels'in tarihsel ve diyalektik materyalizm yönetimi bulmasıyla toplumsal yasaları tespit etmesi toplumu devindiren, ilerleten sınıf savaşları olduğu fikrinin, bu coğrafyada köksüz sanki sanayi devrimi sonrası bulunduğunun düşünülmesini önlemektir. Marx ve Engels binlerce yıllık insanlık tarihinin içindeki bütün uygarlıkları tek tek incelemişler ve bu sonuca varmışlardır. Ayrıca Engels 'Ailenin Devletin ve Özel Mülkiyetin Kökeni'nde ve 'Thomans Münzer ve Almanya'da Köylü Savaşları' kitaplarında bunu derinlemesine incelemesine rağmen ve bu dinsel gözüken Ortaçağ ayaklanmalarının aslında sınıfsal kökenli olduğunu, o dönem bu kılıf altında gözükmek zorundadır.

Üstüne basa basa belirttiğimiz gibi bu gün sınıf savaşımı başlıca iki sınıf arasında geçmektedir; işçi sınıf ve burjuvazi. Bu gün ne feodal beyler vardır, ne de köylülük vardır ve üstelikte tarihi devindiren iki başat sınıf değillerdir. Ama biz onların torunları yani işçi sınıf ve burjuvazi olarak bugünün tarihini devindirici güçleriyiz. Köylü atalarımız tarihini öğrenip, bundan övünç kaynağı çıkarmamızın doğru bir çaba olduğunu düşünüyoruz. Bir kez daha belirtelim ki tarihin devindirici gücü sınıf savaşımlarıdır. Tarihsel Materyalizmin ışığında Bilimsel Sosyalizm bu topraklarda kökleriyle daha bir sağlam yeşerecektir.

İşte bu anlattıklarımız amacı ortadadır. Batıdan bize demokrasi özgürlük ve medeniyet getiren Evangelis Hırıstiyan zihniyet Medeniyetimizin karşısında bir nokta kalacaktır. Bu Haçlı Seferini de direniş cephesi ve yurtsever halkımız geçmişinden güç alarak aşacaktır.

Anadolu'nun devrimci damarı olan isyanları, zalimin zulmüne boyun eğmeyen İmam Hüseyin'i ve Hüseyinleşmeyi. . . Deniz'i, Mahir'i ve İbrahim'i öğreten dedem Mehmet Ersan ve babam Nadir Ersan'a, annem

Fadime Ersan, ablam Devrim Ersan Yıldız, kız kardeşim Deniz Ersan, yiğenlerim Ali Eren Yıldız, Ceren Yıldız'a. . . bana güzel bir yaşam hediye ettikleri için. . . İlk makaleler ortaya çıktığında Ekin Sanat Düşün ve Edebiyat Dergisi'nde yayınlanmasını teşvik eden derginin Genel Yayın Yönetmeni sevgili ağabeyim Turgut Koçak ve dizgisinde sürekli sabır gösteren sevgili dostum Duygu Çalışkan'a. . . Makaleleri Ekin Sanat Düşün ve Edebiyat Dergisi'nde okuyup ısrarlı aramalarla beni bulan ve daha kapsamlı bir çalışma yapmamı hatta kitaba dönüştürmem konusunda ısrarlı destekler ve teşvikler sunan sevgili ağabeylerim Sarp Kuray ve Ömer Gürcan. . . İstanbul'a gelip İhsan Eliaçık'la tanışmamı sağlayan sevgili ağabeyim Mustafa Kemal Gültekin'e. . . Alevi Bektaşi Kızılbaş ayaklanmalarının Anadolu Devrimin en isyancı damarı olduğunu düşünerek çıkardığımız Kumru Düşün Dergisi'nde düşündaşım Zafer Gökcan Ağabeyime. . . Başından beri sinemanın büyüsüne kapılıp benden sürekli senaryo bekleyen kitabımın en çok teşvikcisi olan Yücel Yüksel'e ve onun Yönetmen arkadaşım Mehmet Fatih Destegüloğlu'na. . . . Dostluklarını esirgemeyen Şerife Ünal, Serhat Çakın, Hasan Göktaş ve Dursun Akbaş'a. . . Şeyh Bedreddin üzerine yazılan bölüme çok yardımları geçen ve Çorlu'daki Bedreddinilerle tanışmamı sağlayan Ozan Türköz'e, Kitabın her aşamasında yılmaz sabrıyla tüm titizliği ile yanımda olan tüm Tilki Kitap ekibi adına Emrah ve Sümeyye Çelik'e ve editörlüğümü yapan Benjamin AE'ye teşekkürlerimi borç bilirim.

BİRİNCİ BÖLÜM

"Pek çok şafak vardı
Henüz ışıldamamış olan"

Friederich Nietzche

Ve Enel Hak Dedi Hallac-ı Mansur

O nun hakkında en önemli eser Fransız Louis Massıgnon tarafından Hallac'ın ölümünden tam bin yıl sonra kaleme alınmıştır

Yıl miladi olarak 921'in sonu 922 yılının başlarını gösteriyordu. Bağdat'a zalimce öldürülecek olan el-Hallac yani Sufi el-Hüseyin İbn-i Mansur, İran'ın Bayza adı verilen bir bölgesinde yine aynı adı taşıyan bir köyde doğdu. Doğumundan çarmıha gerilip Bağdat şehrinde öldürülene kadar altmış yıl yaşadığı tahmin ediliyor.

Küçük yaşta Kuran hafızı olur. Kuran ayetlerini yorumlama ilmi olan tefsir konusunda uzmanlaştı;Tanrı'nın insanlara gönderdiği mesajın gerçek anlamını kavrayabilmek için Arap dili grameri ve kendi dilinin sırları üzerinde derin araştırmalar yapıyordu. Ailesinin köklerinin bulunduğu bölge sihirle dolu bir coğrafyaydı. Her taraf büyü ve sırlarla örülüydü. Işık ve gölge dönüşümü son derece belirgindi. Bu coğrafyada insan hayatında büyük anlam taşıyordu. Hallac küçük yaşta bu güçlü karşıtların farkına varmıştır.

Bir süre sonra "Vericilerle" tanıştı, onlar onu İslam'dan yüzyıllarca önce Zerdüşt tarafından mistik zamanlarda vaaz edilen din ile halklarının eski inançlarıyla tanıştırdılar. Bayza civarında Hallac'ı dağların arasında yıkılmaya yüz tutmuş Ateş Tapınağına götürüyorlar ve atalarının yaptığı gibi eski ilahileri okuyup, kutsal ateşi yakıp ayin yapıyorlardı. Vericiler ona Kuran, İncil ve Tevrat dışında da bir kutsal kitap bulunduğunu söylediler. İranlıların dinlerinin en eski temsilcileri saydıkları Perslerin Avesta metinlerini öğretmeye başladılar. Hallac böylece Hıristiyan Yahudi ve Vericilerden yasalarca korunan fikirlerin kurcalanması gerektiğine inanmaya başladı. Hallac büyüdüğünde Dicle Nehri bereketli çamurlarını denize bıraktığı bölgeye yerleşti. Bu bölgenin adı Huristan'dı ve buranın insanları hayatlarını pamuk ekerek, çapalayarak, toplayarak ve "atarak" kazanıyorlardı. Bu insanlardan biri olan ve genç yaşında pamuk atma işiyle uğraşmaya başlayan Hüseyin, "Hallac Hüseyin" adıyla anlıyordu. Bu bölgede yaşayan ve bir birine bağlı bu topluluğun adı İsmaililerdi. Bağdat'taki halifeyi can düşmanları Fatimiler' den söz ediliyordu. Hüseyin İsmaili vaizlerinin insanı isyana teşvik eden konuşmalarını dinlemekle kalmayıp kendi dostlarından, hocalarından ve akrabalarından farklı düşünen Müslümanlarında olduğunu öğreniyordu. İsmaililer İmam Cafer'in oğullarından biri olan İsmail'e büyük saygı duyuyorlar. Peygamber'in yeğeni Ali Sülalesinden gelen imamlarla birlikte ruhlarının gerçek fakat gizli önderi olduğunu söylüyorlardı.

Daha sonra Irak'ın Vasit şehrinde yaşamaya başladığında genç yaşına rağmen dinin emir ve kaideleri onu tatmin etmemeye başladı. Daha fazla bilgi edinmek istiyordu. Din alimlerinin kendi aralarında Kutsal Kuran'ın yaratılmış bir şey olup olmadığı, ilahi sıfatları kelime anlamlarıyla mı yoksa sembolik anlamlarıyla mı kabul etmek gerektiği yolundaki sürekli birbiriyle çelişen tartışmaları da onu tatmin etmiyordu. Bu arayışlarla Hallac dönemin meşhur hocalarından Sahl Hoca'yı dinlemek ve kendisini mistik yolda mükemmelleştirmek için Tustar'a gitmişti. Şöhreti bütün İslam dünyasına yayılmış olan Sahl el-Tustari'nin yanında ilahi aşkı ve vahdaniyeti arayan pek çok talebe vardı. Bunlar peşinden gidebilecekleri ve birçok insana model olarak sunabilecekleri bir hoca için ülkenin dört bir yanından buraya geliyorlardı.

-Sahl, "Tanrı'nın özünün bir parçası olan ışığın özünden söz ediyordu. Allah kendisini kutsal Kuran'da "ışık üzerine ışık" ve "yerin ve göğün ışığı"olarak nitelendirmiyor muydu? İşte ışık bu nedenle dünyanın özünün de bir parçasıydı. Fakat bu ışığın en büyük

payın peygamberler almıştı. Bu durum özellikle İslam Peygamberi için

geçerliydi. Çünkü onlar bu ışık sayesinde insanlığı aydınlatmış ve gerçekleri

bildirmişlerdi. "

Hallac bu tartışmalarda hocasına şu soruyu yöneltti; "Bizim de bir nebzede olsa bu ışığa sahip olmamız mümkün mü?"

Sahl -"Yaratılışına bakın, doğayı inceleyin ! Allah onları düşüncelerinin sonsuz motifleriyle aydınlık bir düzen içinde yaratmıştır. "

Hallac-"Peki ya tüm ışığı yok eden karanlık, o nereden geliyor . İnsanlar üzerinde büyük kudret sahibi olan karanlığın kaynağı kökeni nedir?"

Sahl-"Karanlık da ışığın bir parçasıdır ve yaratılışına göre farklı şekillerde ortaya çıkar. Yaratılmış olan her şey zamanla ışık doğasından uzaklaşmıştır; kimi az, kimi çok, kimi tümüyle. Işıktan en fazla uzaklaşanların başında da bir zamanlar ışıktan yaratılmış olan, fakat ışığa rakip olduğu için ona karşı mücadele etmek durumunda kalan Şeytan gelir. Bilgisizlik ve hakimiyetsizlik bizi karanlığa sürükler. Karanlıkta etrafını göremeyen bir insan nasıl sağını ve solunu, yukarısını aşağısını bilemez, amaçsızca etrafta dolanıp dururursa, aynası bulanıklaşan karanlık bir ruh da vücudun içinde aynı şekilde amaçsızca oradan oraya gidip durur. Bu nedenle bizim görevimiz ruhun aynasını devamlı temiz tutmak, yaratıldığı özü saf tutmak ve dışardan aldığı ışığı bulanıklaştırmadan yansıtması için aynayı sürekli cilalamaktır. Pişmanlık dolu acı ve eziyet ruhlarımızın aynası için en iyi temizlik aracıdır. Bu araç dua ile bir ve eşit değil, ondan daha üstündür. Hatta bazı noktalarda dostlarım, onun imanın özü olduğu bile söylenebilir.

Salh Hoca ışık doktrinini; Peygamberin bir ışık taşıyıcısı olduğu yolundaki Şii doktrininin, kendisinin bir sünni olmasına ve şiilerin birçok noktada olayı abarttıklarını düşünse de kabul edilmesi gerektiğini düşünüyordu. Ayrıca Salh Hoca ; "Tüm varlığımızla Peygamber'in öğrettiklerine iman eder, tüm ruhumuz ve tüm benliğimizle bu öğretilerin üzerinde yoğunlaşırsak, o takdirde filozofların söylediği gibi maddeden oluşan kabuğu kırmaya ve öz varlığımızı serbest bırakmaya muvaffak olabiliriz, böylece ışık dünyasına ait olan tüm varlıkların yaratıldığı o ışık bizlere malum olur. " diyordu.

Hallac'a Huristan'da yaşayan Avesta imanlıları, Amesha Spentas adı verilen kutsal ışık ruhlarıyla çevrili bir Işık Tanrısı'nın varlığından söz etmişlerdi. Bu Işık ruhları, Zerdüştilerin büyük baş meleği Vohu Manah gibi bu dünya ile öteki dünya arasında habercilik yapıyorlardı. Hallac ; "Sahl Hoca'nın anlattığı gibi, Peygamber ilahi bir ışıktan bir ışık mıydı? Şayet böyle ise, o takdirde insan kendi ruhsal varlığını Avesta imanlılarının sözünü ettiği ışık elementleri şeklinde mi tasavvur etmeliydi ?; sürekli bunları düşünüyor. Kuran'ın ve din alimlerinin bildirdiği vahiylerin bu eski öğretiler yardımıyla tefsir edilemeyeceklerini uzun süredir düşünüyordu. Sahl el-Tustari şöhretli bir hoca olabilirdi, fakat başka yerlerde daha şöhretli hocalar alimler vardı. Basra şehrinde teoloji, felsefe, matematik, astronomi, edebiyat ve sanat altın çağını yaşıyordu . Özellikle de müminlerin şöhretli başkenti Bağdat ilim alanında bir yıldız gibi parlıyordu . Bu şehirdeki sufi hocalar Sahl Hoca'dan kat kat daha şöhretliydiler, özellikle de Ebul Kasım adı verilen Şeyh Cüneyd.

Hallac Tustar şehrinden ayrıldı. Batıya Basra en eski çağlardan beri insanlara bereket ve bolluk armağan eden Dicle ve Fırat'ın birleştiği şehre ulaşmak istiyordu. O dönem Basra'da Basralı Hasan adıyla bilinen Peygamberin ölümünden kısa bir süre sonra dünyanın bütün rahmetlerinden elini eteğini çekmiş bir bilge vardı Hallacın eserlerini defalarca okuduğu Musabi Hocada Basra'da bulunuyordu. Haris el-Musabi içe dönmenin, ruhun değişik tezahür şekillerini keşfetmenin, ruhun en ilkel konumundan en üst konuma kadar geçirdiği safhaları araştırmanın, üstadıydı. Hallac düşünceler ve hayaller okyanusundan daha fazla bilgi edinmek istiyordu. İnancının en büyük düşünürlerinden birkaçı tüm islam ülkelerinde kovuşturmaya uğramış, adları efsaneye dönüşmüş Mutezileliler de buradan çıkmıştı. Basra'da Amr İbni Osman'ın evine geldi ve oraya yerleşti. Böylece Hallac her geçen gün hocası Amr el-Mekki 'ye, yani ruhunun yeni kılavuzuna bağlanıyordu. Hallacın bitmek bilmeyen soruları karşısında hocası şaşırıyordu. Sanki Tanrı bizzat kendisi bu insanın içindeydi ve onun vasıtasıyla kendi yapısı hakkında sorular soruyordu. Soru üzerine soru soruyor, bilgiye olan susamışlığı asla bir sınır tanımıyordu . Onun için ruhsal cezbenin bir sınırı yokmuş gibi görünüyordu ki, bu Amr Hoca tarafından hiç hoş karşılanmayan bir durumdu. Hoca büyük kızını yinede onunla evlendirmek istiyordu. Ama Hallac hocasının kendine yetmediğinin farkındaydı. Zamanla hocanın derslerine gitmemeye başladı. Bağdatlı meşhur bir hoca olan Cüneyt Hoca'nın talebesi olmaya karar verdi. Cüneyd İbni Muhammed Hallac'ın yeni öğrencisi olmasından memnundu. Çünkü Hallac hakkında bilgiler daha önce kulağına gelmişti. Cüneyt, tasavvuf mertebesine ulaşmak için ibadet ve zahitliği temel alan talebelerin hocasıydı. Tarikata giren bir kişinin bu yolda derin bir coşkunluğa kapılmayı dilemesi, vecd içinde olmak için çaba göstermesini reddediyordu. Yeni öğrencisinden o kadar çok etkilenmişti ki, gelecekte onu kendi halefi yapmayı bile aklından geçirir olmuştu. Fakat önlerinde daha uzun bir zaman vardı. İlk olarak ruhsal boşalma ve itaat yöntemiyle başlayan idrak yolunda adımlar atılması gerekiyordu.

Hallac haftalar boyunca yolar yürüdü . Sıkıntılardan sıkıntılara sürüklenmiş, açlık ve susuzluk çekmiş, gündüzün sıcağında kavrulmuş, gecenin soğuğunda donmuştu. Çöl acımasızdı. Barid adı verilen halife postasının izlediği çöl yolunda ilerleyerek Mekke'ye varmayı düşlüyordu. Peygamber zamanından beri Kabe'ye yapılan hac ziyareti sayesinde tanrının birliğinin yani Tevhid 'in ortaya çıktığı şehir hak ettiği itibara kavuşmuştu. Peygamber bu ziyareti ilk insan Adem'e ve Kabe'yi ilk inşa eden kişi olan İbrahim zamanına bağlıyordu. Zaten İslam'dan çok önce de Mekke sakinleri Kabe'nin içinde bulunan Hacer ül-Esved'e, göğün bu mucizevi alametine, büyük saygı gösteriyorlardı. Hatta Mekke tüccarına bol gelir sağlayan Ukaz Panayırı ile bağlantılı olarak oraya hac gezileri bile düzenliyordu. Fakat Peygamber bu kutsal yeri kafirlerin ve putperestlerin elinden kurtarmış ve buraya sadece gerçek müminlerin sahip olmasını sağlamıştı. O zamandan bu yana Mekke müminler için dünyanın dini anlamda merkeziydi. Hallac henüz yoldayken yapacağı hac ziyaretinin diğer hacılarınkine sadece dış görünüş anlamıyla benzeyeceğine karar vermişti. Bütün bir yıl boyunca Mekke'de kalmak istiyordu. Kendi içimize, ruhumuzun bilinmedik yörelerine seyahat etmek gerekir düşüncesi Hallac'ı her geçen gün daha fazla etkisi altına alıyordu;özellikle de her gün dindarlık maskesi altından yalandan sofuluğun ve yobazlığın nasıl sırıttığını gördükçe . Fakat bunu genelleyerek kimseye haksızlık yapmayı istemiyordu. Arkadaşlarının birçoğunun hac vazifesini dini kaidelerin tümüne uyarak coşku içinde yerine getirmeye çalıştıkların bilmiyor değildi. Hallac hac da yerine getirmesi gereken tüm vazifeleri din alimlerinin tarafından tarif edildiği şekliyle, hem de en küçük ve en önemsiz ayrıntıyı bile atlamadan yerine getirdi. Hallac içinde yeni bir ilhamın doğduğunu, imanın anlamına daha sıkı bağlarla bağlandığını hissediyordu . Bunun sebebi sadece kural ve kaidelere sıkı sıkıya bağlı olması değildi. Her şeyden önce, hac ziyaretinin herkese hitap eden, toplu bir ibadet olmasından kaynaklanıyordu. Hallac yine de daha fazlasını istiyordu. Kendisini getiren rehber onun ününü duymuş ondan para almadan onu bir eve yerleştirmişti. Hallac aşkın anlamını çözmeye çalışıyordu. Bağdatlı büyük şair Ebu'l Atahiya'nın izinden gitmeye karar verdi. Hallac'ın gerçeği bulmak ve erdemleri gerçekleştirme yolunda edindiği şöhreti duyan, onun etkileyici davranış ve konuşmalarından feyiz almak isteyen insanlar akın akın onun etrafına toplanıyordu.

Hallac ilk kez talebe yerine hoca rolüne bürünmüştü. Ama o hala kendini talebe sayıyordu. Hallac hocalarının söylediği imanın çekirdeği aşktı. "Aşk dolu teslimiyet" sözünü ve bu durumun her şey için geçerli olabileceğini düşünüyordu. Bu pek çok durum için geçerli olabilirdi:Bir insanın bir başka insana duyduğu aşk, bir insanın tanrıya duyduğu aşk ve bir insanın kendisine duyduğu aşk . Hatta tanrının insanlara, kendi kendisine duyduğu aşk diye düşünüyordu. Sonra meşhur Sufi Bayezid Bistami'nin kendi kendine duyduğu aşkı hatırladı. Bistami 'Bana şükürler olsun' dememiş miydi?Bu küfür değil de neydi?Bistami bundan daha beter sözler de söylemişti, bu şekilde tanrının kendisinde ve kendisinin içinde zuhur ettiğini belirtmek istemişti. Hallac yalnız başına tefekküre dalarak sufi hocalarının sözünü ettiği ruh yalnızlığını ararken, Bayezid'in ilginç, kışkırtıcı ifadelerini takip edebiliyor, hatta onları anlayabiliyordu. Bazı anlarda yaratılanın yaratıcı karşısında hissettiği derin alçalmayı tüm ruhuyla algılıyordu. Bazen de ruhunu neredeyse yıldızlara ulaşabilecek kadar genişletebildiğini hissettiği, başka anlar yaşıyordu. Bu anlarda yok edilemez, ebedi bir varlığa ulaştığını düşünüyor, kendisini sonsuz büyüklükte hissediyordu. Bu olay kendi özünü bulmak mıydı? Tanrıyı bulmak mıydı?Yoksa bilginlerin haklı olarak lanetlediği gibi tam bir bencillik, sınırsız ve engelsiz bir kendini beğenmişlik miydi?Bu ruh halini yaşadıktan sonra başka birini sevmek mümkün olabilir miydi?Tanrıyı sevmeye devam edebilir miydi?Günlük hayatta kesin çizgilerle birbirinden ayrılan iki kavram, idrak ve aşk, burada iç içe geçmiyor muydu? Hallac henüz bu soruların cevabını veremiyordu. Tümüyle içine kapandığı günlerde bu sorular onu sıkıştırıp durdu ve daha sonra kurtulması mümkün olmadı. Bağdat'a dönüp Cüneyt Hoca ile Bistami' nin görüşlerini tartışmaya karar vermişti. Böylece ilerleyen günlerde belki de insan vücuduyla da birleşmesi mümkün olan ilahi ve insani aşkı, gerçek cümleler yerine kaçamak cümlelerle de olsa anlatmaya başladı. Sözü daima Basralı Rabia'ya getiriyordu, çünkü onun duygu ve düşüncelerinin de benzer konular etrafında döndüğünü biliyordu.

Hallac sonunda Bağdat'a dönmeye karar verdi. Hallac Bağdat'a döndü ve hocasının talebeleri arasında yerini aldı. Cüneyd Hoca oldukça sevinçliydi. Kısa sürede Hallac yeteneği ve ruhsal yaşantılara olan açıklığıyla onun sağ kolu olmuştu. Yaptığı ilk Hac ziyareti sonrası hocasıyla arasının her geçen gün açılmasına sebep olan bitmez tükenmez tartışmalara girmeye başlamıştı. Bir gün "Allah'ta yok olma" üzerine şiddetli bir tartışmaya tutuştular. Cüneyd Hoca "Ben bu aşamaya henüz ulaşamadım"diye itirafta bulundu. "Kendim üzerinde daha fazla çalışmalıyım. Bir yandan da yok olma kavramı hakkında bir takım yanlış tasavvurlara kapılıp kapılmadığımızı düşünmüyor değilim. eskilerin bize bıraktığı yazıları doğru kavrıyor muyuz acaba?" Hallac, Hoca'ya "Söylediklerini açıklar mısın?" diye seslendi. Cüneyd Hoca önce bir noktaya yoğunlaşmanın ve Tanrıyı düşünmenin farklı yöntemlerini anlattı. Ama bu yöntem üzerine şüphelerini de gizlemedi. Tanrı ile yarattıkları arasında çok uzak bir mesafe olduğunu söyledi. Kuran'da olan bu tasvirin de diğerleri gibi sadece bir tasvir olduğunu düşünüyordu. Dindarlığın "Tanrı da yok olmak" nın en yüksek derecesi olduğunu ifade ediyordu. Hoca'ya birkaç talebe ve Hallac "Hedefe ulaşmak mümkün değilse, bu yolda yürümenin ne anlamı var?"diye itiraz ettiler . "Allah'tan başkasını düşünmemek gibi bir anlamı var !" "Peki ya bu hedefe ulaşmak gerçekten mümkünse?"diye atıldı Hallac Mekke'de başından geçenleri Hira Mağarasında öğle yoğun şekilde Tanrı 'nın pırıltısının içini yakıp kavurmaya başladığını. Peygamber ve Musa Peygamberin bu pırıltıyı nasıl içlerinde hissettiğini anlatırken. "Dikkat et!" diye bağırdı Cüneyt Hoca. "Dilinde sakın! Küfre düşüyorsun !" Hoca bu karışıklık ortamında öğrencilerinin coşku ve taşkınlığa eğilimleri olmasını istemiyor, dizginleri sıkı tutmayı istiyordu. İlerleyen günlerde bir gün yine Tanrı, İnsan, Yaratan, Yaratılan arasındaki sonsuz büyüklükteki mesafeden söz edilirken Hallac'ın ağzından "Ben ilahi sevgiliyi kavradım! Ben yaratıcı gerçeğim !" Sonra sözlerini büyük bir heyecanla bir kez daha tekrarladı. "ENEL HAK ! ENEL HAK !" . Derslikte kısa süreyle sıkıntı veren bir sessizlik yaşandı. Talebelerden birkaçı utançtan başlarını öne eğdiler. Hoca' nın yüzüne bakacak cesarette değildiler. Onun öfkesinden korkuyorlardı. "Bir kez daha söylüyor ve teyit ediyorum"dedi. Hallac . Sözleri sessizliğin içine kırılan cam parçaları gibi düşüyordu. "Onun acımasına ortak oldum. Tüm aşmalardan geçtikten sonra ruhumun perdesi yırtıldı ve O bana açılmasını layık gördü. Böylece onun içinde yok oldum ve O beni tümüyle doldurdu.

Onun varlığı bana kendisini benim içimde gösterdi ve ben de Ona kendimi gösterdim. Böylece O benim içimde kendisini tanıdı. Fakat insan olmakla Allah olmanın aynı şey olabileceğini düşünenler yanılmaktadır. Bu düşünceyi taşıyanı yanlış yöne sürükleyen en şeytanın ta kendisidir. Buna rağmen az önce söylediğimi bir kez daha tekrarlıyorum : BEN YARATICI GERÇEĞİM!"Bir anda talebeler heyecanla bağrışmaya başladı. Hllac kalabalık arasından kendini zor dışarı attı. Cüneyd Hoca'nın arkasından bağırdığını duyuyordu;" Küfürlerine devam edersen günün birinde darağacında öleceğin muhakkaktır!" Hallac, bunu hocasının söylediğine inanmak istemedi ve yanlış anladığını düşündü. Bu olay kısa zamanda tüm Bağdat'a yayılmıştı. Kati Çarşısı'nda dolaşırken onu gördüklerinde önünde saygıyla eğiliyorlardı. Ama kulaktan kulağa bu büyük küfrünü dile getirip getirip "Tanrı Sarhoşu" olarak dile getiriyorlardı. Cüneyd Hoca'nın bir çok talebesi ona katılmıştı ve sayıları her geçen gün artıyordu. Bir süre sonra Ebu Bekir Şıbli ona Tanrıya ulaşma yolunda kendisine kılavuzluk etmeye hazır olup olamadığını sordu. Kısa sürede Şıbli, onun en iyi talebelerinden ve en yakın dostlarından biri oldu. Halk bunu kısa etse de siyasiler Bağdat'da bu türden insanlar olsa da tepki gösteriyorlardı. Sade birer keten giyen fakirlikle geçinen bu adamların sayısı her geçen gün büyüyor, gittikleri her yerde varlıkları ilgi çekiyordu. Din alimleri ve Sufiler onun hakkında ; "İsmaililere mi katılmıştı?", "O bir asi mi?" diye düşünüyordu. Hallac ise diğer Sufilerle arasında fark olduğunun bilincindeydi. İlahi sevgilinin kendisine biçtiği rolde büyük zorluklar ve azaplar olduğunun farkında idi. Hallac ile Cüneyd Hoca'nın ilişkileri hiçbir zaman tam anlamıyla kopmadı. Bu halife şehrinde Hallac her geçen gün bunalıyor, bitmek tükenmek bilmez işgüzarlık, sapkınlık, zevksizlik ve bezirganlıklardan sıkılıyordu. Kalabalıkların kendinden başka hiçbir şeyle ilgilenmediği bu şehirden uzaklaşmak istiyordu. Tekrar yollara düşmeyi, tüm uygarlıkların beşiği olan doğuya gitmeyi arzuluyordu. Hallac ilk olarak yakından tanıdığı Basra'ya gitti. Orada Arap Denizi'ne açılan güneye Makiya Adalarına dek giden bir kaptanla tanıştı. Kaptana kendisini gemisine alıp almayacağını sordu. Kaptan onu İndus Nehri'nin denize döküldüğü yer olan Sind'e götürebileceğini söyledi. Hallac' dan yolculuk ücretini peşin aldı. Hareket gününü belirtti. Hallac o gün onunla denize açıldı. Hint Ülkesi'ni sulayan Ganj ve Brahmaputra gibi İndus Nehri de, bu coğrafyada Pencab, Multan ve Sind'i sulamış oranın asırlar boyu prens ve krallarını büyütmüş ve onların yok oluşunu görmüştü. Brahmalar tarafından yönetilen bu insanlar arasında İslam hızla yayılıyordu. Müslümanlar bu bolluk ülkesine akın ediyorlardı. Bu bölge efsane olmuş Hızır'ın adıyla anılıyordu. Hallac Hindistan'a gitmeye karar verdi. Uzun bir yolculuktan sonra İndus Irmağına ulaştı. İndus'un aşağı bölgeleri İslam'la yeni tanışıyordu. Müslümanların olduğu bir köye yerleşti. Bu köye yakın bir Hindu tapınağını ziyareti sırasında bir arhatla tanıştı. Kendisi gibi uzun yıllar çalışmış bu çömlekçi ustası artık kendini bu tapınağa hizmete adamıştı. Tanrı dostu olup Tanrıya ulaşmaya çalışıyordu. Hallac onunla tanrının çokluğu üzerine konuşup, onu tek bir Tanrının varlığına inandırmak için zorlarken aslında bir çok tanrısı olan bu inancın bir bütünün parçaları olan Tanrılar oluştuğunu, ancak bu bütüne Brahman adı verildiğini öğrendi. Şunu anladı ;başka şekilde de söylense aslında söylenenler kendi dost ve hocalarının söylediği sözlerdi. Kendi kendini dine vererek ve meditasyon yaparak tanrının birliğine ulaşmaya çabalıyordu. O an İsmaililerin inançların dış kabuklarınıyla özlerinin birbirinden ayrılması gerektiğini düşüncesinin doğru olduğunun farkına vardı. Hallac Sind ülkesinde birkaç hafta daha durup, vaaz verdi onların müziklerine ve ritüellerine eşlik etti . Hallac Horasan'ın taşlı düzlüklerine Turfan Bozkırı içinde yaptığı yedi günlük yolculukla peygamberin söylediklerini kayıtsız şartsız kabul etmedikleri için ikiyüz yıl önce İran ve Irak'tan ayrılmak zorunda kalan, "Mürfet"lerin öğretilerine vakıf olmak için her şeyi göze alarak bu yolculuğa çıkmıştı. Burada Orta Asya'nın Maveraünnehir Bölgesi'nde Turfan'ın Hoca ve İdikut şehirlerinde İslam dinine inananların sayısı azdı. Burada bir tacirin evine yerleşti. Evine yerleştiği bir Türk olan Murad aynı zamanda bir Sufiydi. Turfan Bölgesinin en bilge adamı olan Uygur Türklerinden Tuğrul'la tanıştı. Tuğrul bu bölgede Uygur yazısıyla dersler veriyordu. Geniş bir kütüphanesi vardı. Farsça biliyordu ve Kuran'ı da okumuştu.

Onunla Mani Dini hakkında ve onun düşünceleri hakkında sohbetler etti. Uygurlu Tuğrul; "Dünya insanını yaratan dünya nesneleridir. Yiyecek, içecek, mal-mülk, değerli oldukları söylenen nesneleri elde etme çabası ve fakat özellikle de türünün devamı için içimize tohum atarak maddevi dünyanın asla yok olmamasını sağlayan phallus hayvanı. Bunların yardımıyla dünya sahte ışıltısı ile insanın gözünü kör eder, ruhunu çürütür ve onu tanrısal kaynağından uzaklaştırır. " dedi. Hallac özellikle biz sufiler ruhsal mükemmeliyete ve idrake ulaşmaya çabalarız. Fakat bunu yaparken dünyayı hor görmemek için azami çaba sarf ederiz. Gerçi aramızda dünyanın çürümekte olan bir leş parçası olduğunu düşünen dervişler de var ve ben de geçmişte geçici olarak onlardan biriydim. Fakat hiçbir Müslüman bu düşünceye değer vermemelidir. "Çünkü dünyanın tanrısal işaretlerle dolu olduğunu ifade eden Kuran 'a ters düşer bu düşünce. Kutsal kitapta dünyanın Tanrı tarafından yaratıldığı ve gelip geçici olduğu gözüyle bakarız. " Uygurlu Tuğrul "O halde kötülüğün kaynağı nerededir. Bunun dünya olmadığını söylüyorsun. Yoksa insanoğlu kötülüğü cennetten çıkarken beraberinde mi getirdi.

Hallac ; "Hayır kötülüğün dünyevi olduğu doğrudur. Fakat insanlar bu kökleri farklı biçimlerde kullanabilirler. Bu tıpkı ilaç olarak kullandığımız maddelere benzer. Kararından biraz fazla olarak kullanabilirler. Bu tıpkı ilaç olarak kullandığımız maddelere benzer. Kararından birazcık fazla kullanıldıkları takdirde bile ölümcül olabilirler. Burada belirleyici olan sadece ölçüdür. "

Tuğrul "Tüm iyiliklerin kaynağının Tanrı olduğunu söyledin. O halde nasıl olur da kendi yarattıklarına böyle zalim işkenceler uygulayabilirler? Dünyayı tüm felaket ve yıkımlarıyla birlikte Tanrıdan ayırmak, onu bu işlerden uzak tutmak daha akıllıca değil midir?Mani inancında da bizlere göre Tanrı hiçbir şekilde kirletilmeyecek ve lekelenmeyecek bir saflıktan ibarettir. "

Hallac bu sohbetten sonra şunları düşündü:

Kimsenin sorumlu olmadığı bir talihsizliğin açıklaması var mıydı, varsa neydi? Tanrısal adalet ve iyilikle nasıl bağdaştırılabilirdi? Rasyonalist mutaziler bile bu meseleyi bu güne kadar açıklığa kavuşturmamışlardı. Uygur, dünyayı Tanrıyla ilgisi olmayan bir cehennem dönüştürüp kendine meseleyi çözmüştü. Bu düşünce şiddetle ret edilmeliydi. "

Hallac, Türkistan'da Maniheist ve Müslümanlar arasında aylarca kaldı. Farklı diller konuşan ve farklı geleneklere sahip olan bu insanlardan bilgi dağarcığına büyük katkılar sağladı.

Hallac bu süre içinde Turfan Bölgesi'nde dolaşırken Sarı Lokman çetesinden haydutlarla karşılaşır. Onu soymak isteyen haydut, bütün parasını ister. Hallac "Hiç param yok" der. Haydut onu öldüreceğini söyler. Hallac "Hiçbir şeyim yok. Çünkü ben Tanrı dostlarından biriyim, sahip olduğum tek şey ruhum ve vücudumdur. Fakat bunlar bile bana değil, her şeyin yaratıcısı Tanrı'ya ait . Beni öldür, böylece büyük sevaba girersin, çünkü emaneti sahibine iade edebilirim" der. Haydut, onun kutsal bir adam olduğunu anlar. Pişmanlık belirtisiyle kaderinin onu böyle haydut yaptığını anlatır. Hallac "Kuran bize emanet edilen yaşamı kendi ellerimize almamızı ve Tanrısal yasalara göre idame ettirmemizi emreder. Tanrı hiçbir halkın kaderini değiştirmez, eğer ki o halk kendi kaderini değiştirmezse!" Haydut büyük pişmanlık ve üzüntü görüntüsüyle onu hemen bırakır. Hallac Türkistan'da aylarca kaldı. Uygur yazısını öğrendi. Tuğrul ve arkadaşlarına Arap harflerini öğretti Bağdat'taki Şıbli ile mektuplaştı. Hallac artık şu fikri iyice benimsemişti: Bilgelik yolunda adım atmayan bir mümine zerre kadar değer verilmemesi gerekirdi. Hallac ayrıca: "İslam'ın Tanrıya yakaran ve ruhlarını arındırmaya çalışan diğer insanların inançlarından çok farklı olup olmadığına kendi kendine sormaya başlamıştı. Hindistan'da rastlandığı bu dinsel çeşitlilik ile şimdi de Türklerin karış karış gezdiği topraklarında da karşılaşıyor, bu çeşitliliğin kaynağını ise takdir-i ilahi de değil, insan ruhunun zenginliği ve derinliğinde görüyordu. Uygurlu Tuğrul'dan Türkistan metinlerini, Babil Peygamberlerinin düşünceleri ve Mani düşüncesini öğreniyordu. Merv, Semerkand, Horasan ve Nişabur'a hayran kalmış bir şekilde iki yıl sonra yurduna döndü. Bağdat'a döner dönmez şehrin pazarlarını gezmek, o coşkuyu izlemek için Kati Çarşısına gitti. Bunu sık sık yaparak orada bulunan tacirlere ve insanlara "Savulun, Allah'ın budalası geliyor" ya da "Öldürün beni, ilahi sevgiliye kavuşmak istiyorum"diye bağırıyordu. İnsanlar, onun delirdiğini düşünse de Ondan çekiniyorlardı. Hallac günlerden bir gün, Cuma namazından sonra Kati çarşısına dolaşmaya çıktı. Çarşı yarı kapalı yada seyrek seyrek dükkanlar açıktı ancak fakirlere dağıtılan yemekten almak için çarşıya gelmiş halktan kimseler vardı. Hallac elinde zinciriyle kara bir köpekle insanların içine daldı. Yemek sırasına girerek sırasını beklemeyen başladı. Sıra kendine gelince aşçı ona sordu; "Az mı çok mu yemek istersin ?". Hallac "Bana istediğin kadar çorba verebilirsin . " "Çorba bana et ise yanımdakine" diye köpeği gösterdi. Aşçı "Senin bir köpeğin var ve şu leziz eti ona vermek istiyorsun, öyle mi? Neden eti kendin yemiyorsun. Bilmiyor musun köpeklerin temiz olmadığını bire mecnun " diye seslendi. Hallac "Tam da bu yüzden yapıyorum işte Yanımdaki köpeğin ismi Nefs'tir. Ve benim temiz olmayan yanımı temsil eder, eti ona ver. " dedi. Adam anlamaya çalışan gözlerle bakıyor, halk ise olayı merakla izliyordu. Hallac sözlerine devam etti; "Tanrıya ulaşmak için manevi olarak bu dünyadan ayrıldığında, olacak aşırılıklardan kaçınmam ve idrak yolundan yürümem gerekir. Benim kara köpeğim Nefs bana nefsimin her fırsat bulduğunda beni etkisi altına almaya çalıştığını anlatır. Bunu engellemek de dua ve namazdan ziyade biz Sufilerin yaptığı gibi, irademizi aşırılıklardan arındırma ile etkili olabilir. Normalde nefsim beni itaat altına almaya çalışır. Oysa şimdi ben onu itaatim altına aldım. İnsanın nefsiyle yaptığı mücadele bile belli sınırlara sahiptir. Yanımda dolaştırdığım kara köpek işte bana bunu hatırlatır. O köpek, benim kötü tarafımdır, benim kötü benliğimdir. " İnsanlar onu sessizce dinlemiş ve biraz korkarak biraz mecnunluğuna acıyarak ona bakmışlardı. Aşçı irkilerek "Ne demek istediğini anladım" dedi. Eti köpeğin iki bacağının arasına attı. Köpek bir lokmada eti yuttu. Hallac tekrar halka dönüp "Eti nasıl silip süpürdüğünü gördünüz mü? İtaat altına almayı başaramadığınız takdirde, sizin nefsiniz de böyle davranacaktır" dedi.

Hallac Abbasi devletinin içinde bulunduğu siyasi ve ekonomik bunalımı çok iyi biliyordu. Kati çarşısında gezinirken sadece dini konularda sohbet etmiyordu. Devletin her gün daha fazla vergi alması, politik süreç ve fakirler ile zenginler arasında giderek derinleşen uçurumun sosyal gerilimin artmasına, kanlı ayaklanmalara sebebiyet vereceğini söylüyor artan tarikatlara her gün daha da güçlenen Hz. Ali taraftarlarını ve diğer gurupları biliyor. Özellikle Caferi Sadık 'n büyük oğlu İsmail'i yedinci İmam ilan eden Şiilerin neler istediğini biliyordu. Çarşıdaki tacirlerle sohbetinde şunları söylüyordu; "Yönetim adil olmak zorundadır. Dini hukuk okulları arasındaki huzursuzluk ancak fakirlik ve sefalet içinde bulunanların da dikkate alınması ve dinlenmesi durumunda sona erebilir. Fakat tüm dünyadan gelen malları büyük karlar karşılığında satan siz tacirler bunu anlamakta güçlük çekebilirsiniz. " Halac'ın bu sohbetlerine sarayın baş mabeyincisi Nasr El Kaşuri adlı bir soylu da katılıyordu. Nasr dini ve felsefi meselelere ilgi duyuyordu. Fakirlere sık sık kendi özel kasasından para yardımında bulunuyor yada Halife El Muktedirin annesi Valide Sultan Şaghab'ı saray hazinesinden sadaka dağıtmak için yardım etmeye ikna ediyordu.

Yine bir gün Kati Çarşısında sokakta raks ederek geçen Halac'ı görenler, kara köpeğini sordular. Hallac "Bugün onu başkasına verdim. Artık ona ihtiyacım kalmadı. İlahi aşkın sırrı bana malum oldu. Ey ! çarşı sakinleri Sevgilim benim içimde oturuyor. Sevgilim olan O benim. Ve sevilen olan ben, O' yum. " diye seslendi.

Hallac'ın ünü her geçen gün artıyordu. Granada, Kurtuba, Marakeş gibi İslam Ülkelerinden onun derslerini dinlemeye gelenler oluyordu. Halk arasında O'nun bu "aşırıcılara" benzeyen görüşlerinin duyulması, Türkistan'dan garip mektuplar aldığı söylentisi, siyasilerin dikkatini çekiyordu. Halife El Muktedir'in annesi Valide Sultan Şaghab ülkede çıkan huzursuzluklar, ülkenin geleceği ve oğlunun iktidarının geleceğinden duyduğu kaygıları yüzünden sıkıntıdaydı. Bütün ilaç tedavileri boşa çıkmıştı. Huzur arayışı içindeyken, saraydan Baş mabeyinci Nasr El Kaşuri 'nin tavsiyesi ile Hallac saraya çağrıldı. Valide Sultan onun huzur veren sohbetleriyle kısa sürede iyileşti. Ama saray içinde kendisine tepkiler daha da artmıştı. Hallacı sevmeyen ve onun siyasi nüfuz sağlayacağını düşünen din adamları onun devlet içinde çıkan huzursuzlukları kaynağı olan İsmaililerle bağlantısı olduğunu, Türkistan'dan garip mektuplar aldığını bahane göstererek tutuklanmasını istediler. Suçlamalar "büyücülük" ve "Hak yolundan ayrılma" olarak gösteriliyordu . Hallac bu haberi Nasr El Kaşuri' den almış ama suçlamalara cevap vermemişti. Ama onu suçlamalar değil en yakın arkadaşlarının ona sırt çevirmesi üzüyordu. Şibli'yi bile kendi tarafına çekmek için ikna etmek zorunda kalmıştı. Sessizce Bağdat'ı terk etti, baba yurdu Huristan Bölgesine döndü. Hallac henüz ölmeyi düşünmüyor, fikirlerini yaymaya devam etmek istiyordu ki, Hallac yakalandı ve zindana atıldı. Din adamlarının muhalefetine rağmen Şaghab'ın desteği ile kendisine yazması için malzeme sağlandı. Uzun süreden sonra Hallac bütün düşüncelerini şiirlerine aktarmak için uğraşıyordu. En büyük eseri "Tavasin"i burada yazdı.

Bütünümle bütün sevgini sardım.
Sanki içimdesin, Ey Mukaddesim
Yönelir de kalbim bazen gayrına
Korkuyla titrerim, tutulur sesim
Ürpererek yine dönerim sana
Anlarım! Sen yoksan, kimsesiz kaldım!
Şimdi ben uzakta yapayalnızım.
Hayat mahpesinde bitmiyor sızım
Yüce Mevla, şudur senden niyazım
Bu hapiste çağır beni yanına

(Hallac-ı Mansur ve Eseri, Yaşar Nuri Öztürk
Yeni Boyut, İstanbul 1997. 4 Baskı Sayfa :383-384)

Aklım sana hasret duymadan
Güneş ne doğar ne de batar
Her bir sözümün anlamı sen olmadan
İnsanlarla konuşmayı aklımdan geçiremem.
Suretini camın içinde bulmadan
Bir bardak su ile susuzluğumu dindiremem
Sana dair düşüncemle birleşmeden
Üzgün veya neşeli, soluk bile alamam
"Aşk için yanarken
Edindiğim kanatlarla
Uçup gideceğim ışığa doğru
Hiçbir gözün bakamadığı"

Gustav Mahler, II. Senfoni .

Sonunda Hallac Miladi takvime göre 922 yılının 26. Mart günü, Hicri Takvime göre Zilhicce Ayı'nın24. günü Bağdat'ta uzun işkencelerle çarmıha gerilerek öldürüldü. Ölmeden son sözleri, kendi düşüncelerini toplanan halka aktarmak için sarf ettiği sözlerdi. Ağzından en son şu sözler döküldü;

"Sevgilim, yüce gerçeğe ulaşmaya gidiyorum . "

Cesedi tanınmayacak halde uzun süre idam sehpasının üzerinde kaldı. Söylentiye göre;kızının Hallac'ın küllerini Dicle Nehri'ne savurduğu söylenir. Ayrıca Ezidiler bunu bir kızın içtiğini ve kendi peygamberlerinin böyle doğduğunu iddia ederler.

El Hallac

Hüzünler mıhlanır gözlerime
Sevinçlerim gücenik kalır
Yel kayadan ne alır
Gelir geçer
Yenilgiler bizi yıldırır mı sanır felek
Gönül kafesinde
Daha kaç gün kalır
Çarpsam viran etsem cihanı
Yeniden kurmak için
İnsan gönlünce yaşasın diye

El Hallac çarmıhta
Lav yataklarında saklanır budunlar
Kızıl börklü kızlar
Kımız sağarlar kısraklardan
Zıbınlarında uyur bebekler

Alpler kınlarında çürütür hançerlerini
Tasavvuftur çağda yitip giden
Güzel gün düşü
Küllerinde bir turaç havalanır
Geleceğe

Kuşların gagalarına bulaşır
Hüzün ve sessizlik
Yalnızlık kederli yalnızlık

Sarp vadilerde
Her yenilgi bir çentik
Atar alnımın kırışıklarına
İmgelem atları geçer
Mataralarında ab-ı hayat taşır
İpeğin içinde ateş
Karındaşlarım

Kesik kesik
Kan içinde kırbaç izleriyle
Kanlı bir paçavraya dönmüş
Ufalmış
          Ufalmış
                    Ufalmıştır
Çarmıhında El Hallac
Gülümser duru gözleriyle cellatlarına
Af diler
Yaratıcı gerçekten
Canilerine
Yıldızlar dökülür parlamaktan utanıp
Ürkek bir ceylan ince çığlığıyla ağlar
Yürekler burkulur
Yeşile çalar kan
Kahreder çaresiz sessizlik
Kırılır ayna gerçeği göstermez olur
Körelir kınında kılıçlar

Çürür atların eğeri alp postları
Cesur ve silahsızdır
Yalnızca gerçeği kuşanır
El Hallaç

Sizi aşkla sevdim
Öfkeyle umut
boynumda bir muska olmaktan
Utanır kendince
Alpler, begümler yıkık
Asya totem
Kam kaman
Tütsü
Rüzgarda öç bayrakları çırpınır
Dünyanın yüreklerine dikilip
Ateşe verilir
Sağır ve dilsiz
Gelip durur kapına
Ayın şavkı vurur avuçlarına
Kırık kanatlarımla
Sana sığınırım
Ezik ve mahçup
Ey güzel gün düşü
Gerçek

Mehmet Özgür Ersan

İKİNCİ BÖLÜM

"Oyunu oynayan Tanrı, bizlerse dama taşı!
İşin doğrusu bu, gerisi laf-ı güzaf.
Onun için dünya dama tahtası, bizler birer oyuncak,
Bıkar sonunda, salıverir hiçliğin kuyusuna!"

Ömer Hayyam

Hassan Sabbah, Alamut Kalesi ve Haşhaşiler Gerçeği

İslam tarihinde 'büyük kırılma'nın yaşandığı hilafet kavgası sonrasında Hz. Ali ve oğullarının uğradığı saldırılar Batıni akımların hızla Hz. Ali çevresinde örgütlenmesini sağladı. İslamın ilk yıllarında aksine Hz. Ali zorla Müslüman yapılan halklarca pek sevilmeyen bir kişilikti. Arap yarımadasının dışındaki toprakların (Irak'tan Afganistan ve Hindistan'a kadar) bir çoğunun alınmasında komutan olarak görev yapmıştı. Hz. Ömer'in hilafeti sırasında İslam orduları tarafından fethedildiğinde Mısır'da çok dinli bir hayat vardı. Hıristiyanlar ve Yahudiler güçlüydüler, ama çoğunluk pagan inancı benimsemişti. Müslümanlar putperest kâfirliğin kaynağı gördükleri Osiris Mabedi'ni yerle bir ettikleri gibi İskenderiye Felsefe Okulu'nun kaynaklarının toplandığı İskenderiye Kütüphanesi'ni de yaktılar.

Bu Osiris Rahipleri geçmiş kadim Mu Uygarlığının pagan bilgilerini saklıyorlardı. Mu uygarlığının en büyük kolonileri Mısır, Hint ve Uygur İmparatorluklarıydı. Osiris rahiplerinin baskı altında kendi inançlarını koruma şansları yoktu. Müslümanlığı kabullendiler ve Kudüs'e göçtüler. Bu rahipler görünüşte inançlı Müslümanlardı. Ama içlerindeki öfke dolayısıyla halife Ömer'e muhalefet eden Hz. Ali taraftarlarından yana tavır almakta gecikmediler. Bir yandan da Allah'a tapınma yerine 'Tanrı-Kâinat-İnsan' üçlemesine ibadete dayanan tasavvufi bir hareketi başlattılar. Sünni Müslümanlara göre bu düşünce "sapıklık"tı, ama ellerinden bir şey gelmedi. Zira karşı çıktıkları insanlar, Peygamber'in damadı Hz. Ali'nin safındaydılar. Bu inanış Arapların "kılıç zoruyla" Müslümanlaştırdığı halklar arasında hızla yayıldı.

Eski Osiris rahibi olan yeni Müslüman ulema "Kur'an' da Allah'ın sıfatlarından biri Alim'dir. Dolayısıyla Allah'a en yakın kişiler alimlerdir" diyerek kendilerine kalkan bulduktan sonra özellikle baskıcı Emevi siyasetinden yaka silken insanların tepkisini yönlendirerek İmam Cafer Sadık'ın oğlu İsmail'in imamlığında Karmatiler cemaatini oluşturdular. İsmailiye bu cemaate verilen ad oldu. Bu topluluk kendileri aynı zamanda Hz. Muhammed'in okuryazarlığı ve matematiğe merakıyla ünlenen kızı, Hz. Ali'nin eşi Fatma'yla özdeşleştirerek 'Fatımi' sanını kullanır oldu.

Karmati Devleti

Açıkladıkları hedef 'Gerçek akıl devletini, kardeşliğe ve eşitliğe dayanan cumhuriyeti' kurmaktı. 760'ta İmam İsmail'in ölümünden sonra 7 dereceli inisiasyona göre gizli bir örgüt haline geldi İsmailiye. İlk İsmailiye devleti 874'te Hamat Karmat tarafından İran Körfezi'nde kuruldu. 1. 5 asır süren bu siyasi yapı bugünkü terminolojiyi kullanarak söyleyecek olursak "laik"ti ve Karmatiler adı verilen bir meclis tarafından yönetiliyordu. 929'da Mekke'yi işgal ettiler ve Kâbe'nin duvarına gömülü 'Hacer-ül Esved'i söküp başkentleri Lasha'ya götürdüler. Abbasi hilafeti cuma günleri adlarına hutbe okuması dahil birçok teokratik ayrıcalığından vazgeçti. Karmatiler, namaz, oruç hac gibi ibadetleri kaldırdıklarını açıkladılar. 909'da Mısır'da da bu inancın uzantısı olarak Fatımi Devleti kuruldu. Fatımiler Mısır'da pramitleri yapan ustalara izafeten 'izciler' manasında Fütüvve teşkilatını kurdular. Bu organizasyon sanatkâr kişileri çatısı adlında toplamanın ötesinde askeri güçtü. İsmailiye'de ketumiyet yani sır saklamak esastı. Yemin, işkence altında dahi bozulamazdı. İmam tanrının yer yüzündeki yansımasıydı ve Şeyh-el Cebel (tabiatın şeyhi)'di. Her şey 7'li bir sisteme göre şekillendirilmişti. Gökler 7 kat, dini yükseliş kademelenmesi 7 kattı.

İntihar Cehennemden Kaçış

İsmailiye inancına göre 6. dereceye yükselmiş kişiler ölümleri halinde ebedi ışık olan Allah'la bütünleşebiliyorlar, ama daha alt derecelerdeki müritler bu dereceye yükselene kadar birkaç defa daha bedenlenerek dünyaya gelmek zorunda kalıyor. Dolayısıyla daha iyi bir hayat için canından vazgeçmek bir İsmailiye inançlısı için ancak özenilecek bir şey. Bu inanca akıl erdirilemediği için Sünni Müslümanlar insanın ölüme gitmesi için ancak aklını başından alan bir uyuşturucu kullanmış olması gerektiği düşüncesiyle cemaat mensuplarının eylemden önce haşhaş içtiğine hükmettiler ve topluluğu Haşhaşin diye anmaya başladılar. Oysa İsmailiye öğretisinde ruhun gövdede bulunduğu süre içinde yapılanlardan sorumlu olduğunu, bedenden kurtulmakla günahtan kurtuluş sağlandığı düşüncesi işlenmekteydi. İsmailiye'nin yedi basamağı şöyleydi: Mümin (İslamiyetin şeriat kurallarının öğretildiği kademe) Mükellef (İslam dışındaki dinlerin de öğretiye katıldığı, tüm dünlerin aslında aynı hedefe yöneldiğinin anlatıldığı kademe) Dai (Sır saklama ve ketumiyetin öğretilip sınamanın yapıldığı mertebe) Daii Ekber (Baba diye de anılan bu kademedekilere tarikatın gerçek sırlarının verilmeye başladığı düşünülebilir) Zu Massa (Yudum emenler manasına gelen bu kademede tarikat sırrının özeti olan tüm dinlerin gerçeğe ulaşmakta yetersiz olduğu bilgisi verilirdi) Hüccet (Bir İsmailiye'nin ulaşabileceği en yüksek kademe buydu ve bu kademeye gelen kişi dini bütün yükümlülüklerden kurtulmuş sayılırdı) Şeyh el Cebel (Bu kademe tanrısal özelliklerin kazanıldığı son noktaydı).

"Kim senin yasanı çiğnemedi ki söyle?
Günahsız bir ömrün tadı ne ki söyle
Yaptığım kötülüğü, kötülükle ödetirsen sen
Sen ile ben arasında ne fark kalır söyle"

Ömer Hayyam

Hasan Sabbah ve Nizari İslam Devleti

İsmaililerin Seyyidina Hasan bin Sabbah diye çağırdıkları Hasan Sabbah (Ali oğlu Muhammed oğlu Cafer oğlu el-Huseyin oğlu Muhammed oğlu el-Sabbah, el-Himyari) Kum kentinde doğdu. Ataları kendisinden altı kuşak önce Yemen'den gelip Küfe yakınlarında Himyari'de yerleşmiş. İran'a geçerek bir süre Kum'da kalan Sabbah ailesi, daha sonra Rey'de yaşamaya başlamışlar. Kısacası Hasan Sabbah İran'da doğup yetişmiş, Yemen kökenli Küfeli bir Araptır. Hasan Sabbah 17 yaşına kadar On iki İmamcı Şii eğitimi almış. Ancak on yedisinde dai Amir Darrin'den el alıp, İsmaili davasına katılmıştı. İsmaili davası üzerinde, propagandistler tarafından birçok kitaplar okutulup, eğitim derecelerinden geçirildikten sonra İmam Cafer oğlu İsmail'in İmamlığının ve onun ardıllarının yasallığına inandırılmış. Böylelikle Fatimi İsmaili davasınına kazanılmıştı. Mustansır üzerine 'ahd (ikrar, yemin) töreninden' geçerek, onun zamanın İmamı olduğunu kabul edip İsmailizmi kucaklamıştı.

1074-1075'de Rey'den Isfahan'a gitti. Burası İran İsmaililerinin dava merkeziydi. Sonuçta Hasan Sabbah, 1076-1077 yılında Muayyad hala Kahire baş daisi iken, Isfahan'dan Mısır'a gitmek üzere yola çıkıyor. Abdul Malik el-Attaş'ın izniyle önce Azerbaycan'a uğruyor. Oradan güneye dönerek Mayyafarikin'e (Diyarbakır'ın Silvan ilçesi) geliyor. Burada Sünni ulemanın otoritesini reddederek İslam dinini yorumlarken, İmamın istisnasız haklılığını ispatlayan tartışmalara girişti. Bunun üzerine Hasan kentin Sünni kadısı tarafından kovulunca, Musul'a indi. Sonra Suriye'de Şam'a doğru ilerledi. Ancak Mısır'a giden kervan yolunu, Fatimilere karşı savaş açmış olan Suriye Selçuklu emiri Atsız'ın askeri operasyonları yüzünden kapatılmış buldu. Bunun üzerine deniz kıyısına indi. Beyrut, Sidon, Tyre, Acre (Akka) ve Caesara'ya uğrayan bir yelkenliyle 1078 Ağustos'unda Kahire'ye ulaştı. Orada Fatimi yüksek rütbeli görevliler tarafından karşılandı. Önce Kahire'de, daha sonra İskenderiye'de kaldığı üç yıl Mısır'da Hasan'ın eylem ve deneyimleri hakkında fazla bir şey bilinmiyor. Ancak Fatımi İmamı El-Mustansir'i göremediği biliniyor.

Raşidüddin ve Cuveyni tarafından kullanılmış Nizari kaynaklarına göre, Hasan Mısır'da Nizar'ı desteklediğinden dolayı, güçlü iktidara sahip olan Ermeni kökenli vezir Bedr el Cemali'nin kıskançlığına uğradı. İbn el-Esir ise, el-Mustansir'in şahsen Hasan'a, halefinin Nizar olacağı sırrını açıkladığını yazmaktadır. Hasan'ın Mısır'dan Kuzey Afrika'ya sürgün edildiği anlaşılıyor. Ancak yolculuk ettiği yelkenli batmışsa da, o da kurtularak Suriye'ye geçmiş. Böylece dönüş yolculuğu çok kötü koşullarda başlamış oluyordu. Sonunda Hasan Halep, Bağdat ve Kuzistan üzerinden 1081 Haziranında Isfahan'a ulaştı.

Yaşam öyküsünden kalma bazı metin parçalarına göre, 9 yıl boyunca Hasan Sabbah İran'da İsmaili davası hizmetinde çok geniş alan içerisinde geziler yaptı. Başlangıçta Kirman ve Yezd'de İsmaililiğin propagandasına girişti. Üç yıl yaşadığı Damghan'a gitmeden önce üç ay Kuzistan'da kaldı. Hasan, Selçuklu iktidar merkezlerinin bulunduğu ülkenin (İran) batı ve orta bölgelerinde, önündeki tüm güçlükleri yenerek başarılar kazanacaktır. İran'da hala Dailer daisi Abdul Malik al-Attaş'ın yönetiminde İsmaili davası sürdürülüyordu. Daylam dailiğine atanan Hasan Sabbah, 1087-1088'de bölgedeki o aşılmaz Alamut kalesini seçti kendi devrimi için. Damgan'daki başlangıç üssünden, sonra Mazendaran'daki Şehriyarkuk'tan geçti, İsmail Kazvini dahil, Muhammed Cemal Razi ve Kiya Abul Kasım Larijani gibi birçok daiyi Alamut çevresinde yaşayan yerli halkı İsmaililiğe döndürmek için çeşitli bölgelere gönderdi. (1)

Batınilik propagandasına başladı. Kuran'daki her ayetin açıkça görünen manaları dışında Batıni (saklı, gizli) anlamlar taşıdığı ve bunların ancak imamlar tarafından bilindiği esasına dayanıyordu Batınilik. Mezhebe girenler zahirde bulunan (açıktaki) bütün dini vecibelerin cahiller için olduğu; batını bilenler için namaz, oruç dahil hiçbir ibadete gerek kalmayacağı, tüm dini yasakların kaldırılmış olduğu görüşüyle tanışıyorlardı. 1090 senesinde Kahire'de El Ezher'de aldığı eğitimin ardından İran'a dönen Hasan Sabbah liderliğinde Hazar Denizi'nin güneyine yakın Alamut Kalesi'ne sığınarak İsmailiye mezhebinin düşüncelerini korudu. Hasan Sabbah'ın taraftarlarına 'Assasins' adını vermesinin öyle sanıldığı gibi eylemden önce müritlerine haşhaş vermesi olmadığı, Çünkü bu kelime Arapçada 'Bekçiler' ya da 'Sır belçileri' anlamına geliyor. Sabah'ın 'bekçileri' yeniden doğuşa, bedenden bir an önce kurtulmak gerektiğine inanan, sınırsız itaat anlayışıyla yetiştirilmiş kimselerdi.

Daylamlı Justanid hanedanı tarafından 805 yılında kuruldu Alamut kalesi, bu hanedana Wahsudan bin Marzuban tarafından 860 yılı içinde yaptırılmış olduğu söylenir. Bu çerçeve içinde günümüze ulaşan geleneksel söylenceye göre, bir keresinde kral av yaparken kayadan kayaya konan kartalı izlemekteymiş. Kral yörenin stratejik değerini görmüş, delinebilen en yüksek kayanın tepesi üzerinde bir kale yapmış ve Daylami lehçesindeki aluh (kartal) ve amut (yuva) sözcüklerinden çekilen "aluh amut", "kartal yuvası" adını koyup, kartalına bu yerde yuva inşa etmişti. "Sergüzeşt-i Sayyidna"ya göre de, "Alamut" deyimi aluh amut (kartal yuvası) sözcüklerinden oluşur, fakat herhangi bir kartalın yuvasıdır. İbni Esir (Ö. 1234) "Kamil fi't Tarikh" (Beirut, 1975, 10th vol., p. 110) yapıtında, bir kartalın krala bu bölgeyi tanıttığı ve onu oraya götürmüş olduğuna dair bir başka söylenceden şöyle rivayet eder: Oraya "talim el akab adı verildi, bunun karşılığı Daylami lehçesinde aluh amut 'tur. Aluh sözcüğü "kartal" demektir. Amutis ise "öğretim, eğitim" anlamındaki amakhut'tan çekilir. Kazvin halkı burayı akab amukhat (Kartalın öğrettiği, eğitimi) adıyla çağırırdı. Böylece aluh amut yada akab amukhat terimi daha sonraları Alamut'a dönüştü. İranlı tarihçiler ilginç bir rastlatıya dikkat çekmislerdir; Aluh Amut adı içindeki her harfe verilen Arap harflerinin sayısal değerleri toplandığında, yani ebced hesabına göre, Hasan bin Sabbah'ın Alamut'u ele geçirdiği tarih olan Hicri 483 (M. 1090) rakamı çıkmaktadır. "Tarikh-i Jihangusha" (Çev. Jhon A. Boyle, Cambridge, 1958, s. 719) adlı yapıtında "Alamut, diyor, boynunu yere dayayarak diz çöken bir deveye benzeyen bir dağdır". Rudhbar bölgesindeki Kazvin'in yaklaşık 35 km. kuzeybatısında, Daylam'dadır Alamut.

Uzaktan doğal görünüşüyle kule gibi yükselen büyük bir kayadır; daha fazla yan taraflarında güçlükle anlaşılabilir teraslı bayırları, fakat tepesinde geniş yapıların kurulabildiği dikkate değer düzlük alanı olan bir kocaman kaya. Dağlık arazide oluşmuş, saldırılardan kendisini kolaylıkla koruyabilecek durumdaydı. Alamut şimdi yerel olarak, Tahran'nın 100 km. kuzeybatısına rastlar; Elburz'un en yüksek doruğunu oluşturmaktadır. Elburz sıradağları, İran'ın yüksek yaylalarını, Hazar denizinin alçak ovalarından ayırır. Alamut kalesinin yüksekliği 180m., uzunluğu 135m. ve genişliği 9 ile 37, 5m. arsında değişmekte ve kısmen Elburz sıradağlarının tepeleriyle kuşatılmış durumdadır. Bugün Alamut kayalığı Kal'a-i Guzur Han olarak bilinmektedir.

Hasan Sabbah'ın buraya yerleşmesi ve çok yakından ilgileriyle Alamut yeniden sağlamlaştırıldı; su ve yiyecek gereksinimi için sarnıçlar ve ambarlar yaptırıldı. Vadi içindeki tarlaları sulamak için su kanalları açıldı. Yakın kaleler ele geçirilip, stratejik noktalara kuleler dikildi. Hasan Sabbah burada büyük ekonomik ve sosyal reformlar yaptı. İsmailileri kardeşlik bağlarıyla birleştirdi. Böylece her İsmaili bireyi, kendisini topluluğun sorumlu üyesi ve onun ayrılmaz parçası hissetmeye başlamıştır. Alamut kalesinin Hasan Sabbah'ın eline geçtiği haberleri Melikşah'ın sarayına ulaşınca, başveziri Nizamülmülk buna çok kızdı. Hemen ordu birliklerini ikiye ayırıp, birini Alamut'a gönderdi. Bu birlik kaleyi dört ay boyunca kuşattı, ancak hiçbir sonuç alamadı. 1092 yılının ortalarında Melikşah onu başvezirlikten azledip, öldürttü ve kısa bir süre sonra kendisi de öldü. Melikşah'ın oğulları uzun süre boyunca taht kavgalarını sürdürdüler. Bu geçiş dönemi boyunca Hasan Sabbah hem İsmaili öğretisinin propagandası ve kendi durumunu güçlendirmek için altın gibi bir fırsat buldu; Rudbar, Khuz, Khosaf, Zozan, Kuain ve Tune'yi ele geçirdi. Bu dönemde Selçuk Sultanı Sancar, Horasan'dan geçen herhangi bir tüccarın dahi İsmaililere vergi vermek zorunluğu yönünde anlaşma yapan Hasan Sabbah tarafından tehdit edilmekteydi. Diğer yandan İsmaililer yeni kaleler inşa ediyor ve propaganda bile yapmaksızın İsmaililiği kabul eden ve giderek çoğalan insanları yerleştiriyorlardı. Bu yolda güvenle ilerleyen Hasan Sabbah, İran ve Horasan'ı baştanbaşa gün ışığı gibi aydınlatmaya başladı ve Selçuk Sultanının yüksek memurları dahi İsmaili oldular. Kısacası, Seyyidina Hasan bin Sabbah ömrü boyunca, İsmaili inancının özgürlüğü, İsmaili devletinin bağımsızlığı gibi hedeflerine ulaşmayı başardı ve kendisiyle muhalifleri arasında barış sağladı. Öyle ki, siyasal anlayışı ve akılcı becerisiyle, güçlü Selçuklu hükümetine İsmaili politikası ve kavramları için özgürlük koşulları üzerinde anlaşmayı kabul ettirdi. İran ve Horasan'da Selçuklulara üstün gelen Hasan Sabbah dikkatini Suriye ve Hindistan'a çevirdi; oraya da dai'ler gönderdi. İsmaili davet'i İran ve Suriye'ye yayıldığı gibi Hindistan'a da girmesi üzerine Seyyidina Hasan yüksek görüş ve düşüncelerini yazıya döktü. 518/1124 yılında son nefesini verinceye kadar, İsmaili inanç ve ilkelerine ilişkin yapıtını yazmayı sürdürdü.

Hasan Sabbah'ın Selçuklu Saldırılarına Karşı Alamut Savunması

Alamut'un Hasan Sabbah tarafından alındığı haberleri Selçuklu sultanı Melikşah'ın (1063-1092) ve veziri Nizamül Mülk'ün (1018-1092) sarayına ulaştığı zaman fazlasıyla rahatsız oldular ve Hasan Sabbah'a karşı düşmanlık planı kurmaya başladılar. Melikşah bir dizi divan toplantıları yaptı ve Hasan Sabbah'ın Selçuklu üstünlüğüne boyun eğmesini zorlayan elçilik heyetini Alamut'a gönderdi. Hasan Sabbah heyeti saygıyla kabul etti. Onlar Melikşah'ın ihtişamı ve gücünü överek, kendisinden onun üstünlüğünü kabul etmesini istedikleri zaman şunları söyledi: " Biz İmamızdan başka birilerinin emirlerine boyun eğmeyiz. Sultanların maddi ihtişamı bizi etkileyemez. "Elçilik heyeti Alamut'tan eliboş ayrıldı. Hasan bin Sabbah onları son olarak şu sözlerle uğurlamıştı: " Sultanınıza söyleyin, bıraksın bizi hücremizde barış içinde yaşayalım. Eğer rahatsız edilirsek, ellerimize silahlarımızı almak zorunda kalacağız. Melikşah'ın ordusu, bu kısacık hayata hiç önem vermeyen bizim savaşçılarımızla çarpışacak bir ruha sahip değildir. " Böylece, Melikşah ve veziri Nizamül Mülk, iki yıl boyunca Alamut'a saldırmaya cesaret edemediler.

Alamut'a ilk saldırı, en yakın askeri şef ve Rudhar bölgesi valisi Turun Taş'ın kumandası altındaki Selçuklu güçleri tarafından yapıldı. "Hasan bin Sabbah, çok geçmeden Alamut kalesinin sahibi oldu. Ancak zorunlu gereksinim depolarını doldurmadan önce, arkasından Selçuklu Sultanı'nın Rudhbar bölgesini ikda (fief) olarak verdiği bir Emir Turun Taş bütün çıkışları ve tedarik yollarını kesti" diye yazmaktadır. O andan itibaren kale bir tek hücumla düşürülebilirdi; Emir Turun Taş onu kuşattı, ekili tarlalarını mahvetti ve çevrede İsmaililiğe dönmüş olanların hepsini boğazladılar. Alamut'un içinde yiyecek içecek gibi zorunlu gereksinimler yetersizdi, fakat onları çok dikkatli kullanarak, kaleyi alacaklarını uman işgalcileri büyük hayal kırıklığına uğrattılar. Yine de içeride ve dışarıda, ölümün keskin dişleri arasına itildiklerini düşünerek, bu kuşatmanın asla kırılamayacağını seyreden bazı kimseler vardı. Hasan içerdeki umutsuzlara Kahire'deki İmam Mustansır Billah'tan özel ve acil bir haber almış olduğunu, kendilerine kuvvet gönderdiği ve iyi şans dilediğini açıklayarak karargahı direnmeyi sürdürmeye ikna etti. Bu nedenle Alamut'a 'Baldat al-İkbal' (iyi talih kenti) da denir. Çevreyi hayal kırıklığına uğratan kapkara bir duman sarmış, Hasan'ın gözleri en küçük bir umut ışığını bekliyordu. Turun Taş birçok ciddi saldırılar yaptı, fakat kısa bir sure sonra ansızın öldü. Açlık çeken Alamut sakinleri sonuna kadar dayanmıştı ve kuşatma kırıldı. Bu İsmaililere karşı ilk büyük düşman operasyonuydu. (2)

Melikşah, Turun Taş'ın ordularının tamamıyla bozguna uğradığı haberleri alması üzerine dengesini yitirdi. 1087'de gitmiş olduğu Bağdat'ı, 1091'de ikinci kez ziyaret etti. Orada Abbasilerle, İsmaililer ortadan kaldırma planlarını tartıştı. Varolmalarını İsmaililerle büyük darbe vurmaya bağladı. İsmaililerin ateşli ve acımasız düşmanı olan veziri Nizamül Mülk ona, birini Rudhbar'a, diğerini Kuhistan'a olmak üzere iki büyük ordu göndermesi telkininde bulundu. Böylece, Melikşah İsmaililerin kökünü kazımaya kararlı bir kuvvet hazırladı ve 1092 başlarında sefere çıkardı. Bu arada vezir Nizamül Mülk halkı kışkırtmaya başlamış, Hasan Sabbah'a ve yandaşlarını karşı din bilginlerinin kalemlerini kullanmıştı. Çok kuvvetli bir anti-Şii ve batıni düşmanlığı eyilimi gösteren Siyasetname'sini tamamlayıp telif ettirdi. Kitap, adının belirttiği olgu dışında, -düşmanca olmasına rağmen- İsmaili öğretileri ve tarihi araştırmaları için değerli bir kaynaktır. Şii ve Batıni düşmanlığı, Nizamül Mülk'ün 1092'de öldürülmesinin asıl nedeni olduğu sanılmaktadır. Ancak İbn Khallikan, "Wafayat al-Ayan" (1 vol., s. 415) (3) kitabında şunları yazmaktadır: "Rivayet edilir ki ona karşı suikast, bu kadar uzun yaşamasını görmekten bıkmış ve mülkiyetinde tuttuğu çok sayıda ikda ve temlik arazilerine gözdikmiş olan Melikşah tarafından teşvik edildi. Nizamül Mülk'ün öldürülmesi, İbn Darest takma adlı Tacül Mülk Abul Ganaim el-Marzuban bin Husrev Firuz'a yüklenmiştir. Kendisi vezirin düşmanı ve Sultan Melikşah'ın yüksek koruması altında bulunuyordu. Nizamül Mülk'ün ölümünün ardından, başvezirin boş kalan yerine atandı. "

Arslan Taş tarafından yönetilen Rudhbar seferi 1092 yılını ortalarında Alamut'a ulaştı ve kuşatma dört ay sürdü. O zaman Hasan Sabbah yanında bulunan az bir yiyecek-içecek, silah donanımı ve 70 adamıyla direndi ve tam yenilginin eşiğindeydi ki, Kazvin'den 300 kişilik acil imdat birliği geldi. O zaman dışarıya başarılı bir hücum yapmaya muktedir oldu. Kazvin'den 300 adam getiren Dai Didar Abul Ali Ardistani idi. Yeterli yiyecek-içecek gereksinimleri de getiren bu kişiler gizli yollardan kendilerini Alamut'a girdiler. Güçlenen garnizon 1092 Kasım sonlarında, düşman kampları üzerine bir gece baskını yapıp, kuşatmacıları Alamut'tan geri çekilmeye zorlayarak onları bozguna uğrattılar. Unutmamalıdır ki, Alamut savaşta henüz uzmanlık kazanmamış olan o genç fedaileri yeni askere almışken, Selçuklu kuvvetleri deneyimli askerlerden oluşuyor ve çok iyi teçhizat edilmişti.

Kökleri derinlere inen bağlılık ruhu ve Hasan bin Sabbah'ın buyrukları, böyle büyük kalabalıkların önünde onlara karşı konulmaz vuruş güdüsü sağlıyordu. Bu nedenle, düşmanlarının plan ve hazırlıklarını hep boşa çıkardılar. Alamut'a karşı yapılan bu zorlu kuşatma, bir yandan Selçuklulara parçalayıcı bir darbe etkisi yaptı, diğer yandan ise Alamut'ta İsmaililiğin sağlamca kök salmasını sağladı. Hatta anlatıldığına göre, dört ay boyunca kuşatmayı sürdüren Arslan Taş, kalede oturan herhangi bir İsmaili hiç görmemiş; sadece bir gün ordusu, kalenin tepesinde bir an için askerleri gözleyen ve ortadan kaybolan beyazlar giyinmiş bir adamı (Hasan Sabbah) fark etmişti. Öbür yandan, Kızıl Sarık kumandası altındaki Kuhistan seferine çıkan ordu ise, İsmaililerin Dara kalesini ele geçirmeye gücünü odaklamıştı. 1092 yılının sonunda Melikşah, Nizamül Mülk'ün öldürülmesinden 35 gün sonra öldü; Selçuklu planlarının askıya alınması zorunluluğu doğunca, daha ilerideki seferler terk edildi. Aynı zamanda, Dara'yı ele geçirmeyi kesinlikle başaramamış olan Kuhistan seferine çıkan ordusu da geri çekildi.

Melikşah'ın ölümü üzerine, Selçuklu imparatorluğu bir iç savaşa; Melikşah'ın oğulları arasındaki çekişmelerin damgasını vurduğu ve on yıldan fazla süren bu iç boğuşmaların içine girdi. Melikşah'ın dört yaşındaki oğlu Mahmud hemen sultan ilan edilirken, aslında en tanınmış ve önde olanı büyük oğul Barkiyaruk idi. Barkiyaruk Rey'e çağrılarak tahta geçirildi. Mahmud 1095'te öldü. Abbasi Halifesi, iktidar payı Batı İran ve Irak olan Barkiyaruk'un yönetimini tanıdı. Barkiyaruk, 1097'den beri Horasan ve Türkistan yöneticisi olan kardeşi Sancar'dan büyük yardım alan üvey kardeş Muhammed Tapar ile bir dizi sonucu alınmayan savaşlar yaptı. Selçuklu prensleri arasındaki kavgalar İsmaililere, Alamut'u mümkün olduğu kadar zor ele geçirilir bir kale yapma fırsatı vermiş bulunuyordu. Hasan bin Sabbah sur duvarlarını sağlamlaştırdı ve çok büyük bir erzak deposu yaptırdı. Daylam'da Alamut'tan başka çok sayıda kaleler ele geçirdi ve Kuhistan'da kuzeyden güneye uzanan 200 mil üzerinde bir grup kale ve kasabaları kontrol altına aldı.

"Genç, gençliğimin güzel günleri,
Unutmak için içerim şarabı.
Acı mı? Öylesi gider hoşuma,
Bu acılıktır ömrümün tadı. "

Ömer Hayyam

Hasan Sabbah'ın Felsefi Düşüncelerindeki Toplumcu (Sosyalist) Öz

"Politik ve sosyal görünümünden hareketle İsmaili Öğretisini incelemeye çalışan herhangi bir araştırmacı açıkça görebilir ki İsmaililer, tarihlerinin bütün dönemleri boyunca daima ideal bir toplum yapılanmasını hedef aldılar. Peygamberin buyrukları ve Kuran'ın hükümlerinden esinlenip, adalet temelleri üzerinde duran bir insan toplumunun çatısını kurmayı ve bireyi rahat ettirmeyi sağlayacak insancıl ve felsefi kurallara göre bu hedefe yönelmişlerdir. " (4) Bu evrendeki bütün varlıklar Tanrının iradesiyle ikiye bölünmüştür: Zahir ve Batın. Kuran ayetlerinin de zahiri ve Batıni açıklamaları vardır. Batıni açıklamaları İmamlar, büyük Dai'ler ve Hudud'dan başkaları bilemez . En eskileri Karamita ve Batiniya (Karmatiler ve Batıniler); daha sonrakiler Sabiya ve Talimiya diye adlandırılırlar. Günümüzde İran'da onlara Muridan-i Aga Han-i Mahallati denilir. Orta Asya'da Mullai, Hindistan'da ise Hocalar (Nizariler) ve Bohoralar ya da Bohralar (Mustaliler) vb. adlarını alırlar. " (5) 9. yüzyılın ortalarında Zeydi Aleviliğinin girdiği Anadolu, 12. yüzyılın başlarından itibaren, Batıni inanç olarak Alamut İsmaili Aleviliğinin yoğun biçimde etki alanına girmiştir. Bu etki, 13. yüzyılın ortalarından sonra da (Post-Alamut dönemde) Anadolu, Azerbaycan, Gilan, Horasan'da gizlenerek, sürekli kılık değiştirerek dolaşan İsmaili İmamları ve Sufizme İmamolojiyi ve toplumsal yaşam politikasını benimseten İsmaili inanç ve felsefesi tarafından sürdürülmüştür. Ayrıca Kızılbaş Safevi Devletinini oluşumunda Kızılbaş Türkmen dedebeğleri ve Şah İsmail ile kurdukları yakın siyasi ilişkiler ve savaşçı destekleriyle katkıda bulunmuşlardır. Alamut İsmaililerin tarihi çirkin bir biçimde sunulduğundan hep yanlış anlaşıldı. İsmailileri anlatan en eski kaynaklardan biri, fakat çok acımasız bir İsmaili karşıtı olan Cuveyni'nin tarihidir.

Gerçek İsmaili inanç ve geleneklerini çarpıtmaktan sorumlu olan odur. Ne yazık ki, bilim adamları Cuveyni tarafından uydurulmuş tasarlanmış hikayeleri, onun İsmaililere karşı düşmanca davranışını yakından incelemeksizin izliyorlar. W. İvanow (6) kitabında, "Cuveyni'nin söyledikleriyle tam anlamıyla tatmin olup, son derece cahilliklerini gösteren bilginler vardır" diye yazmaktadır. Hasan Sabbah savaştan hep nefret etti ve kendisini barıştan uzaklaştıracak ve sakin-münzevi yaşamını bozacak karışıklıklardan kaçındı. Gereksiz yere kan dökülmesine itiraz etti, fakat ezeli düşmanları onu savaş ateşinin içine fırlattılar; ancak böylece ele geçirebilir ve kendi güçlerini gösterip, krallıklarını yeniden elde edebileceklerini düşünüyorlardı. Hasan Sabbah, kötülük ve zararlı tohumları saçan bencil yöneticileri öldürmeye ve kötülüklere kaynaklık eden nedenleri ortadan kaldırmaya sık sık başvurdu. Onlardan bazılarını öldürtüp -ki bunlar gerekli ve adildi- Müslüman halkları savaştan kurtardı. İsmaili fedaileri, kin ve nefretin dışında kalan bir kimseyi değil; bu şekilde yaşamını sürdürmek isteyen çok sayıda Müslümanı kurtarma arzusu göstermeyen, tersine kin ve düşmanlık saçmayı sürdürenleri öldürürlerdi.

İsmaili düşmanlarının, bağımsız bir Nizari İsmaili devletinden hoşlanmadıkları ve buna şiddetle tepki gösterdiklerini asla unutmamalıyız. Düşmanlar, karşı konulmaz büyük güçleriyle birbiri ardı sıra saldırılarda bulundular. Bunun yanı sıra ekinleri tahrip ederek, meyve ağaçlarını keserek ve başka başka yıkıcı araçlar kullanarak İsmaililerin ekonomisine zarar verdiler. Bundan çıkan genel resim gösteriyor ki, İsmaililer kendi üzerlerinde dolaşan tehlikeyi karşılamak için daha az sayıda idiler. Bundan ötürü, savunma amacı için bir savaş gerillası, ayaklanma ve karışıklık çıkartma yöntemi benimsetilmiş savaşçı fedailerden bir silahlı birlik yetiştirildiği görülüyor. Bazı bilim adamları İsmaili mücadelesini bir devrim olarak görmektedir; fakat kesin olan, bir hayatta kalma ve inancıyla birlikte varlığını sürdürme mücadelesiydi. Fedailik, İsmaili ordugahlarının çevresinde, hayaller görülüyormuşçasına icat edilmiş olan düşmanlık dehşeti yayarak, dev gibi kocaman askeri mekanizmayı geri çevirmeye zorlamak için bir sınırlı savaşçı tekniğiydi. W. İvanow, "doğru bir görüş açısıyla fedailik, savaş gerillasının yerel bir biçimiydi, diyor..., bazı bilgisiz, fakat iddialı bilim adamları tarafından yapıldığı gibi, fedailik (kavramı) içinde Nizari İsmaili öğretisinin en tanınmış organik özelliğini görmek, kesinlikle namussuzca bir aptallık olacaktır." (Age. s. 21) (7)

Arkon Daraul'un, fedailer hakkında verdiği kısa bilgiyi de buraya eklemekte yarar vardır:

"Hasan Sabbah'ın 1124 yılında, dünyaya 'assassin' gibi yeni bir sözcük bırakmış olarak doksan yaşlarında öldüğü söylenir. Arapça'da 'Assasseen', 'muhahafızlar-koruyucular' anlamına gelir ve bazı yorumcular, sözcüğün gerçek kökeninin 'sır muhafızları-koruyucuları' olduğunu düşünmektedirler. Hasan Sabbah'ın yönetimindeki bu inanç örgütlenmesinde inanca çağıranlar Dai'ler, öğrenci-mürid olanlar Rafik (yoldaş, arkadaş), Fedailer ise adanmışlar idi. Bu son grup Hasan Sabbah tarafından İsmaililiğe eklenmişti ve bunlar suikastçı timleri gibi yetiştiriliyordu. Fedailerin üzerinde bir kuşakla bağlanan beyaz bir giysi, ayaklarında kırmızı çizme, başlarında ise kırmızı başlık bulunuyordu. Hançeri kurbanın göğsüne ne zaman ve nerede yerleştirecekleri konusunda dikkatli bir eğitime ek olarak onlara dil öğretiliyor; kıyafet değiştirme ve askerler, tacir ve keşişlerin yaşam tarzları gibi alanlarda yetiştiriliyor ve görevlerini uygularken, onların her birini, taklit ve temsil etmeye hazır duruma getiriliyorlardı. " (8)

Mücadele gerillası, bir düzensiz savaşçılar birliğidir. O günlerde böyle tanınmadığı için, Batılı kaynaklarda verilen kötü lakap "Assassins"(suikastçılar, katiller) ile İsmailliler haksız yere eleştirildiler. Bununla birlikte bu yöntem (gerilla yöntemi), batılılar tarafından terörizm olarak isimlendiriliyorsa da, modern çağımızda çok yaygın bir şekilde güçsüz tarafların sıklıkla kullandığı bir yöntem haline geldi.

Çok sıkı disiplinli, titiz ve sert bir yaşam biçimine sahip ve çalışkan; hem hasımlarına hem de yakınlarına eşit derecede ciddi davranmış olan Hasan Sabbah'ın yaşamı, kaleyi alışından itibaren Alamut'ta geçmiştir. Anlatılanların aksine Alamut'ta açıkta şarap içilmez ve müzik aletleri çalınmazdı. Hasan Sabbah iki oğlu ve bir kızı olan bir aile babasıydı. Hanımını ve kızını Girdkuh'a göndermiş; orada ikisi de yün eğirerek-iplik bükerek geçimlerini sağlıyorlardı. Alamut'a bir daha dönmediler. Oğulları Ustad Hüseyin ve Muhammed, ikisi de ölüm cezasına çarptırıldı; Muhammed içki içmekten, Ustad Hüseyin ise Kuhistan dai'sinin öldürülmesinden suçlu bulunmuştu. Ancak sonuncusunun, bir yıl sonra katilin bulunmasıyla suçsuzluğu ortaya çıktı. Siyasi bir komploya kurban gitmiş bulunuyordu.

Hasan Sabbah, gerçekten iyi bir örgütçü, politik stratejist ve eşsiz yetenekte çok önemli bir insandı. Aynı zamanda hem bir düşünür hem de inançlı bir yaşama öncülük eden bir yazardı. Hasan'ın, felsefe ve astronomi öğrenimi gördüğü, inanç görevlerini yapmadığında, zamanını okumaya-yazmaya ayırdığı ve Nizari toplumunun işlerini yönettiği anlatılır. (9)

Muhammed bin Abdul-Kerim el–Şehristani'in, Kitab el – Milal'indeki İsmaililerin inanç, düşünce ve siyasetleri üzerinde Şehristani'in tanımlamalarını ve aynı yazarın Arapçaya özetleyerek çevirdiği Hasan Sabbah'ın Fusul-i Arba'a (Dört Fasıl) adlı yapıtının Türkçe çevirisinden parçalar aktarırsak;

"Eskiden beri Batiniler, öğretilerini eski Yunan filozoflarınınkilerle karıştırmış bulunuyorlardı. Yaratıcı hakkında inançları şöyledir: O ne vardır (yaratıcıdır) ne de yoktur (yaratılmıştır); ne bilgin(her şeyi bilen) ne cahildir; ne güç-kudret sağlar ne de güçten yoksun bırakır (mahrum eder). Diğer tanrısal sıfatlar konusunda söyledikleri de aynı biçimdedir. "

"Tanrı ile diğer mevcut varlıklar arasında bir çeşit topluluk yetişmiştir. Bu topluluk, kendileri için orada bulunan ve kendisi tarafından saptanan görüntü üzerine taşınarak ve antropomorfizme (insan biçimli tanrı inancına) aktarılır. Bu artık, onların nezdinde ya kesin kabul ya da yadsımadır. "

"İsmaililerin Tanrısı, aynı zamanda uzlaşmaz zıtlıkların tanrısı, muhalefet içinde karşı karşıya kalmış elemanların yargıcı ve çelişkilerin yaratıcısıdır. Bu söylemlerine İmam Muhammed Bakır'a atfettikleri bir metin ile destek sağlamaktadırlar:

Bu sadece, Tanrının kendisine bilgin (her şeyi bilen) denildiğini bilenlerle bilimi tartışırken ve gücü sınanırken anlaşılır. Ona bilgin adından başka, eşit derecede kudret adı da verildi. Buradan anlamak gerekir ki, kudret ve bilimin bağışlayıcısı O'dur. Bilim ve kudretle ilişkili olarak, biri veya diğeri Tanrıyı göstermeye hizmet eden kişilikler de kabul edilebilir gibi değildir.

"Tanrının öncel sonsuzluğu, (ezeli, la prééternité de Dieu) üzerinde açıklamalarına kadar gider, yani Tanrı ne öncel (ezeli) sonsuzluk ne de rastlantıdır; sadece Tanrı Buyruğu ve onun Sözü (Logos, Kelam) bakımından öncel sonsuzluktan konuşulabilir. Şeylerin doğal kökeni ve Tanrının Yaratıcılığı konusunda ise sadece rastlantı olduğundan söz ediyorlar. " (10)

"Tanrısal buyruk, anlaşmada mükemmel olan İlk Aklı (l'intellect premier) ortaya çıkarttı, arkasından da bu akıl aracılığıyla "subséquente, ardıl, halef" denilen ve ancak tanrısal mükemmellikte olmayan Evrensel Ruhu. Başlangıçtan itibaren Ruhu (l'âme, can) akıl (l'intellect) ile birleştiren ilişki; döllenmiş insan çekirdeği (embryon) ile gelişiminin mükemmelliğine ulaşmış insan arasında, ya da yumurta ile kuş, çocuk ile babası arasında varolan ilişkiyle karşılaştırılabilir. Ayrıca buna eşit olarak, erkeğin kadınla, ya da bir kocanın karısıyla ilişkisini düşündürebilir. Bu konuda İsmaililer şu açıklamayı veriyorlar: Ruh, aklın mükemmelliğine doğru kendisini harekete geçirten arzuyu hissettiği zaman, kendi noksan durumundan arzu edilen mükemmelliğe çekmiş olan bir harekete, aynı güçle gereksinimi vardı. Ancak onun sırası geldiğinde bu hareket araçsız olamazdı. Böylece evrensel ruhun itişi altında dairesel hareketler içinde oluşan göksel kürelerin doğuşu sonuçlandı. Bundan sonra varoluşu tamamlanan basit cisimler (les natures simples) oldu; onların hareketi sadece düz bir çizgi üzerinde ve daima Ruhun yönetimi altındaydı. Daha aşağılarda da madenler, bitkiler, hayvanlar ve insanın kendisi gibi karmaşık cisimler-nesneler (les natures composées) doğmak zorunda kaldı; tümü bünyelerinde özel ruhların birliğini taşıyorlardı. Bu özel ruhların arasında, bütün canlı varlıklar içinde göksel ışıkların akışmasını alacak özel bir yetenek tarafından, insanlarınki seçkinleştiriliyor. İnsan dahi tek başına, makrokosmos'u (büyük evren) tamamıyla karşılayan bir mikrokosmos (küçük evren) oluyordu. "

"Yukarı dünya, her biri bir evrensel cisim olan tek akıl ve tek ruhu algıladığına göre, öyleyse bu aşağı dünyanın dahi bir evrensel aklı, bir birey görünümü altında içine alması gerekir. Bu sonuncusu, fiziksel yaratılış dünyası içinde tam gelişip olgunlaşmış ve yetkin yaşa ulaşmış bir insana eşdeğer olacaktır. Ona konuşan İmam (l'İmam parlant, İmam-ı natık) adı verilir; o Peygamberdir, ya da bir birey biçiminde evrensel ruh. Bu, henüz organları tam olgunlaşmamış, ama olgunlaşmaya giden yolda bulunan bir çocukla karşılaştırılabilir; hatta bir varlığın bütünselliğini oluşturmak zorunda bulunan bir embriyon ya da erkek (tohumu) ile birleşen dişi (yumurtası) ile kıyaslanır. Evrensel ruhun bu temsilcisine 'Öz ya da Temel' adı verilir ve İmamın mirasçısının adlandırılması da buna benzetilmektedir. " (11)

ÜÇÜNCÜ BÖLÜM

Kılıçlarından kan damlayan Kuzeyli Baronlar, zırhlarını şakırdatarak geldiler, başpapaz Arnaud Amaury'nin huzurunda diz vurup sordular; -Kathar sapkınlar çoluk çocuk Beizers Katedrali'ne sığınmış. Onları korumak isteyen dini bütün halk, Katoliğiyle, Yahudisiyle aralarına karışmış. Tanrı'nın kulları şeytana tapanlardan nasıl ayıracağız Peder? Katharlar üstüne haçlı seferini Roma adına yöneten başpapaz yanıtladı: -Hepsini öldürün! Tanrı kendi kullarını ayırır.

(Beziers Katliamı) 22 Temmuz 1209

Kathar Şövalyelerinden Şeyh Bedrettin Yiğitlerine Ortakların Eşit Bir Dünya Düşü

Kavuklulardan ikincisi Şekerullah bin Şehabeddin imiş. Dedi ki:
-Bu sofinin başına birçok kimseler toplandı. Ve bunların dahi şeri
Muhammediye muhalif nice işleri aşikar oldu.
Kavuklulardan üçüncüsü Aşıkpaşazade imiş. Dedi ki :
- Sual : Ahir Börklüce panralanırsa imanla mı gidecek imansız mı?
- Cevap : Allah bilir anın çünküm biz anın mevti halini bilemezüz...

(Simavne Kadısı Oğlu Şeyh Bedrettin Destanı'ndan)
Nazım Hikmet

Gizem tarihe Hint kaynaklarıyla girmiştir. Fars uygarlıkları yoluyla önce Bağdat'a kadar oradan Anadolu'ya geçmiştir. Hallac-ı Mansur eğitim görmek için geldiği Bağdat'ın büyük kütüphanelerinde gizemin yolunu aramış önce Uygur Türklerinin yurduna oradan Hindistan'a ulaşmıştı. O ve diğer sufiler Hint gizemciliğini Budist ve Hıristiyan karışımı Maniheizm'i önce Ortadoğu'ya oradan da Kurtuba Medreselerine eğitime gelen Hıristiyanlar yada seyyahlar aracılığıyla Avrupa'ya geçmiştir. İsa'nın kilisece saklanan çarmıha gerildiği Golgota Tepesinde yaptığı açıklamalar ele geçirilmiş, bir çok mistik akım türemiş bunlar kiliseden koparak mevcut yönetimin sapkın inançlılar suçlamasına maruz kalmıştır.

Katharlar X. ve XIV. yy'larda Avrupa'nın çeşitli bölgelerinde ama özellikle Güney Fransa'da kendi alanlarını yaratarak farklı yaşamları ile ilgi odağı oldukları kadar, düşmanlık ve saldırılarında odağı olmuşlardır.

Kathar (Arınma) [Almanca Katharsis] [Fransızca, İngilizce Catharsis] [Yunanaca Katharsis]

1- Ruhun tutkulardan temizlenmesi. (Ör. Platon, ölümü ruhun bir arınması olarak anlar, ölüm ruhun bir arınması olarak anlar, ölüm, ruhun bedenden kurtulması, bedensel tutkulardan arınması temizlenmesi olarak görür.

2-Sanat yoluyla duyguların arınması (Aristotales'te sanat aracılığıyla insanın duyguları uyarılarak ruhun bunlardan temizlenmesine varılacaktır. ; özellikle ağlatı (tragedia) acıma ve korku duyguları uyandırıp insanı etkileyerek arınmayı sağlar diye düşünüyordu. (1)

Bu düşünce X. yüzyıldan başlayarak XIV. yüzyıla özellikle Güney Fransa'nın Oksitanya bölgesinde etkili olmuştur. 1417'de asılarak öldürülen Şeyh Bedrettin'in düşüncesi Aydın Beyliği Alaşehir (Philadelphia) bölgesinde başlayarak Balkanlar'da Makedonya ve Deliorman bölgesinde etkili olmuştur. Kathar (Bogomil) düşüncesi de Balkanlar'da Makendonya, Bosna, Dalmaçya bölgelerinde yaygın inanış haline gelmiştir. Birbirinin izleği gibi duran bu düşünceler sapkınlık olarak nitelendirilerek kadın ve mal ortaklığı ile suçlanarak yok edilmişlerdir.

Mitolojik öykülerin Pirene Dağlarında yaygın anlatıldığı öyküsü karlı kış akşamlarında tepelerinde rüzgar uğuldayan Ortaçağ kentlerinde Herakles, Su Perisi Piren'a olan aşkının anısına Lombrives mağarasında ona yaptığı taş koltuğun olduğu Midi Pirene diye adlandırılan bölgenin de içinde olduğu tarihin bir diliminde Oksitancayı konuşan ve Kuzeyli Baronların egemenliğine, yani Paris'teki kralın yasalarına 40 yıl süren kanlı bir savaşla karşı koyan Katharlar.

XII. yüzyılda Montpellier'den Toulouse'a uzanan bağlardan yeşermiş Kathar öncülerinin barış çağrısı. Hepsi bağımsız birer derebeylik olan kale kentlerde sanatla, şiirle, bilimle örülü günler geceler geçirmişlerdi. Bu gün bu topraklar aynı gelenekle Fransa'nın en çağdaş bölgesidir. Pembe Kent diye bilinen bölgede Airbus uçaklardan, Ariane füzelerine, uzay araçlarına tıp ve sanayi de nükleer gerçeklerin üretimine yüksek teknolojide başa güreşmektedir. Bu bölge bugünden yedi yüzyıl önce kurulan tıp fakültesinde o gün Yahudi'sinden, Arap'ına yetmiş iki milletten insanın toplandığı bilim adamları ve sanatçılara açık kapısıyla çağdaş bir bölgeydi.

Pirenelerin bu kartal yuvası kale kentleri Roma'dan gelen emirle iki yüz bin kişilik Kuzey Baronlarının ordusunun kuşatması ile aç bırakılıp güçten düşürüldükten sonra atlarının nalları ile ezildikten sonra kalanlar sığındıkları bir katedralde çoluk, çoluk, kadın erkek ve yaşlı denmeden ateşe verilip yakıldılar. Aynı acıları kendi coğrafyamızda da yaşadık. Bedrettin yiğitleri Osmanlı askerlerinin kılıçlarıyla aynı akıbeti yaşadılar.

"Aydının Türk köylüleri,
Sakızlı Rum gemiciler,
Yahudi esnafları,
on bin mülhid yoldaşı Börklüce Mustafa'nın
düşman ormanına on bin balta gibi daldı.
Bayrakları al, yeşil
Kalkanları kakma, tolgası tunç
Saflar
pare pare edildi ama,
boşanan yağmur içinde gün inerken akşama
on binler iki bin kaldı.

Hep bir ağızdan türkü söyleyip
hep beraber sulardan çekmek ağı,
demiri oya gibi işleyip hep beraber,
hep beraber sürebilmek toprağı,
ballı incirleri hep beraber yiyebilmek,
yarin yanağından gayrı her şeyde
her yerde
hep beraber !
diyebilmek
için
on binler verdi sekiz binin...

Yenildiler .
Yenenler, yenilenlerin
  dikişsiz, ak gömleğinde sildiler
    kılıçlarının kanını.
Ve hep beraber söylenen bir türkü gibi
Hep beraber kardeş elleriyle işlenen toprak
Edirne sarayında damızlanmış atların
      eşildi nallarıyla. "

(Simavne Kadısı Oğlu Şeyh Bedrettin Destanı'ndan) (2)
Nazım Hikmet

Peki bunca zulmü görmelerine sebep nedir? XII. Yüzyılda Oksitanya bölgesinde binlerce yandaş bulan Kathar düşüncesi günümüz takvimiyle 3. yüzyılda İranlı Manes'in yaydığı Maniheizm öğretisinden esinlenir. İyi ve kötü birlikteliğine dayalı karşıt güçler dengesinin üstüne kurulu Maniheizm dini Budizm ve Hıristiyanlığın bir karışımıydı. Kathar mezhebine katılmak için özgür seçimle karar verilecek ergenlik çağına gelmek dışında hiçbir koşul yoktu. Kathar mezhebi Katolik Kilisesi'nin inananlara yüklediği tüm ödev ve görevleri yadsıyordu.

Kathar mezhebine katılan inançlılar, davranış ve yaşamlarında nasıl özgürlerse, bu mezhebi yayan din görevlileri de görevli değil gönüllü insanlardan oluşan insanlarda aynı özveri ve olağanüstü irade ile yaşamlarını sürdürmek zorundaydılar. Bizim Melamilikte olduğu gibi melanet Hırkası giyerek birer iş sahibi olması gerekmekteydi.

Vatandaş Kathar istediği gibi yer, içer sevdiği kadınla evlenir ve çocuklar toplumun çocukları sayılırdı. Kendilerine 'kusursuz' yada 'iyi damlar' adı verilen din görevlileri kesinlikle evlenmezler, şiddetten uzak dururlar 'et yemezler' di. Bu din görevlileri kadın yada erkek de olabilirdi. Bizde "mücellet taşı" (3) denilen bu taşı taktıklarında evlenmezler, kendilerini toplumun eğitimine adar ve bunu ömür boyu yaparlardı.

Ölüm cezasına karşı olan Kathar öğretisi, topluluk üyelerinde biri elini kana buladığında onu ömrünün geri kalan bölümünü 'kusursuz' luğa adayarak geçirmek zorunlu tutuyordu. Eğer bu koşulları kabul etmiyorlarsa birey özgür iradesiyle topluluktan çıkar ve istediği yere gidebilirdi. Bütün baskılara rağmen bu mezhepten ayrılanlar parmakla sayılacak kadar azdı.

Uzun saçlı, az beslenmiş, temiz ama basit giysiler giyen soluk yüzlü ama müthiş inançlı bu 'kusursuz'lar bizdeki sufiler gibi insanlara sonsuz iyiliği, güzelliği öğretmek için uğraşırlardı. Oksitanya halkı onlara müthiş saygı duyarlardı.

Katolik Kilise'sinin durumuysa utanç vericiydi. Katolik papazları, günah ve yasak zinciriyle kuşattıkları insanların ceplerinden aşırdıkları ile zevk ve sefa içinde yaşarken zenginleşip iktidarın ortağı olmuşlardı. Kathar Mezhebi kötü ve kirli ilan edilmişti. Özel mülkiyete düşmanlıkları ile yalnız Katolik Kilisesinin değil tüm Feodal rejimin düşmanı ilan edilmişlerdi. Özü itibariyle sınıfsal bir kalkış bir köylü ayaklanması olan bu ayaklanmalar Engels'in belirttiği gibi Ortaçağ'da dinsel formasyon altına gizleniyorlardı.

Roma Papalığı hareket geçerek 1207 yılında Kathar mezhebine giren halka önemler alması için emir verdiği Toulouse Kontu VI. Raimond da Kathar'ları yok etmek istemediği için Katolik Kilisesince aforoz edilince. Papa II. Innocent, Fransa Kralı'na bağlı kuzeyli derebeylerini haçlı seferine çağırarak Oksitanya üstüne ordu gönderdi. Arnaud Armaury komutasındaki haçlılar, 12 Temmuz 1209'da Beziers kalesini kuşattılar. Beziers senyörleri ve halkı, Katharları haçlı ordularına teslim etmeyeceklerini bildirince, kente karşı taş üstünde taş kalmayacak bir saldırı düzenlemesi emiri verildi. Bazı kaynaklar kuşatmanın üç ay sürdüğünü söylemek birlikte, 22 Temmuz günü, Beziers kalesi düştü. Sağ kalan silahsız kent halkı, onlara destek olan Yahudisi, Katoliği de içinde olmak üzere Çoluk çocuk genç yaşlı kadın erkek Kathar bir katedrale sığındı. Haçlı seferini yöneten Başpapaz Arnaud Amaury'ye askerlerin, Tanrı'nın kullarını 'sapkın' Katharlar'dan nasıl ayıracaklarını sormaları üzerine o tarihe geçen korkunç söylerini söyleyerek, ölüm emrini verdi; "'Hepsini öldürün, Tanrı kendi kullarını ayırır.'"

Kana susayan bu Ortaçağ'ın karanlık canileri o gün yirmi bin insanı çoluk çocuk genç yaşlı kadın erkek demeden kılıçtan geçirdi. Kalan bir avuç çoluk, çocuk, yaşlı, kadın ve onlara destek olan Katolik ve Yahudi'yi de bir katedralde yakıp yok etti. O gün Oksitanya'da engizisyon ilan edilip binlerce insan sorgulanıp işkencelere tutuldu, Bu insanların torunları da toplama kampları kurup, insanlara çeşitli işkenceler yapıp ve en sonunda onları fırınlarda yakıp atalarına sadık kaldılar.

Fransa'da Katharsizim, İtalya'da Patarizm, Balkanlarda ve Makendonya'da Bogomilizm diye anılan bu öğreti Batı Anadolu'dan İngiltere'ye kadar geniş bir coğrafyayı iki yüzyıl etkilemiştir. Kendileri hakkında çok az bilgiye sahip olduğumuz bu akım Bogomil adlı bir Ortodoks papazının bu mezhebi yaydığı söylencesiyle anılmaktadır. Yunanistan'da Theophile diye bilenen Bogomil Tanrının Dostları Kilisesinin kurucusudur. Öğretisi Batı Makedonya, Bosna Hersek ve Ege Bölgesine yayılan İtalya üzerinden Batı Avrupa'ya oradan İngiltere'ye kadar uzanan bir coğrafyayı etkilemiştir. XII. yüzyıl'da Bosna Voyvodası Kulin Papa'nın emri ile Macar Kralı'nın önderliğinde bir Haçlı ordusu ile sapkın ilan edilip yok edilmiştir. Bosna'da Bogomiller'e Gazari adı verilirdi. Bu inanışın Batılı kaynaklar ancak 1481'de bölgeyi Osmanlının Alperenleri Demirci Baba Sarı Saltuk gibi insanları fethiyle dini kolaylık sağlamaları ile etkisini yitirdiğini söylemektedir. Ama unutulmasın bu düşünce iki yüzyıl Feodal rejimi sarsmış köylü ayaklanmalarının kendilerini ifade etme tarzıydı.

Ortaçağ'da despotik feodal rejim ve dini gericiliğe karşı yapılan bu ayaklanmaların gerçekleştiği aynı coğrafyada daha sonra Şeyh Bedrettin Müritlerinin yayılması hiçte tesadüf değildir. Ayrıca Batıni kimlikli Sarı Saltuk ve Demirci Baba'nın hala efsaneler karışık hayat hikayeleri ve Balkanlar'ın her bir yerinde mezarlarını olması da tesadüf değil bu düşünceye saygının bugün bile sürdüğünün göstergesidir.

Hıristiyan ve Buda düşüncesinin bir karışımı olan Maniheist düşüncenin etkisindeki Kathar ve Batıni düşüncesi aynı iz düşümlerini taşırlar. Özel mülkiyete karşı çıkılması, cennet ve cehennem inancın olmaması, dünyanın cennet edilmesi için herkesin ortaklaşa çalışmasının savunulması, köleliğin alaşağı edilerek, yerleşik düzene aykırı bir dünya yaratılmak istenmesi onların kolayca Feodal rejim ve din kastınca düşman ilan edilip sapkınlık suçlaması ile yok edilmelerini sağlamıştır.

Burada dinsel formasyon gibi gözüken bu çığlık feodalizmin baskı ve sömürüsüne, engizisyonunu karanlığı altında ezilen yoksul köylülüğün eşitlik çağrısıdır. İnsanların kardeş olduğunu kendi emekleri ile ürettiklerini eşitçe paylaşması gerektiği savunan düşünceye bugün bile ulaşılmamıştır. Aydın'ın Türk köylüleri, Sakızlı Rum Gemiciler ve Yahudi Esnaf Şeyh Bedrettin'in davasına sahip çıkıp Ortaklar'da, İznik'te, Karaburun'da kısa bir sürede olsa özgür ve eşit bir dünya yarattılar. Ne tesadüf ki Şeyh Bedrettin Türkmen Müslüman, Torlak Kemal bir Yahudi ve Börklüce Mustafa bir Hıristiyan'dır. Bu üç din bugün bile yan yana gelemezken onlar canları uğruna bir mücadeleye girmişlerdir. Elbette bilimsel temellerle geliştirilen özgür ve eşit dünyanın metodunu bugün biz biliyoruz. Ama o gün onlar devrimci bir bayrağın yere düşürülmemesini ve bize ulaşmasını sağlayanları da öğrenmek ve tarihimize sahip çıkmak zorundayız.

Rumeli, Serez
ve eski terkibi izafı:
      huzuru hümayun
Ortada
Yere saplı bir kılıç gibi dimdik,
         bizim ihtiyar
Karşıda hünkar.
Bakıştılar.

Hünkar istedi ki :
bu müşahhas küfrü yere sermeden önce,
son sözü ipe vermeden önce,
biraz da şeriat eylesin birazı hüner
adab ü erkaniyle halledilsin iş.

Hazır bilmeclis
Mevlana Hayder derler
Mülkü acemden henüz gelmiş
      Bir ulu danişmend kişi
Kınalı sakalını ilhamı ilahiye eğip,
"Malı haramdır amma bunun
         kanı helaldır" deyip
           halletti işi.
Dönüldü Bedreddin'e
Denildi. "Sen de konuş. "
Denildi: "Ver hesabını ilhadının. "

Bedrettin
Baktı kemerlerden dışarı.
Dışarıda güneş var.
Yeşermiş avluda bir ağacın dalları
Ve bir akarsuyla oyulmaktadır taşlar.
Bedrettin gülümsedi.
Aydınlandı içi gözlerinin,
         dedi:
-Mademki bu kere mağlubuz
netsek, neylesek zaid
Gayrı uzatman sözü.
Mademki fetva bize ait
Verin ki basak bağrına mührümüzü....

(Simavne Kadısı Oğlu Şeyh Bedrettin Destanı'ndan) Nazım Hikmet (4)

Montsegur mağlupları, kaleden başları dik çıktılar. İki yüz yirmi beş Kathar şövalyesi, erkeği ve kadınıyla, gökyüzüne bir isyan gibi yükselen granit tepenin dibine kurulan ateşten çembere tek bir adam birlikteliğiyle yaklaştılar. Haçlı ordularının gümüş zırhlı şövalyeleri gözlerini eğdiler, basit askerler ise büyülenmiş gibiydiler. Haçlı seferinin dinsel kutsayıcısı, tilkicesine kurnaz Narbonne Piskoposu, havada bir hayranlık soluğunun kokusunu aldı. Ölüme giderlerden hiç olmazsa birine fire verdiremezse eğer, bu olağanüstü manzaranın babadan oğla kalan bir miras gibi yüzyıllarca anlatılacağını sezmişti. Son bir umutla gerilmiş bir yay gibi fırladı yerinden, koştu, ateş çemberiyle Katharlar'ın arasına dikildi:

-Durun, durun diyorum size! Bir kez daha düşünün. Aramızda cayan yok mu hiç mezhebinden? Engizisyonun kararına rağmen ben, son bir şans tanıyorum nedamet getirenlere !

Kathar duymadılar. Katharlar durmadılar. Kafileye öncülük eden Kusursuzlar'dan Berttrand marty, başka bir soruya yanıt verir gibi gülümseyerek söylendi:

- Biz Hepimiz kardeştik...

(Montsegur Kalimaı 16 mart 1244)

DÖRDÜNCÜ BÖLÜM

Selçukludan Miras Bir Sorun:
Kendi Ulusal Gücümüze Dayanmamak

Selçuklunun en büyük dayanağı ve en büyük problemi Türkmenlerdi. Tuğrul Bey komutasında Ermenistan girildiğinde kuzeybatı İran'daki Kürt beyleri Selçuklu egemenliğini tanıması Bağdat'ın kapılarının siyasi, sosyal ve dini koşullarını hazırlamıştı. Bağdat'taki Halife tarafından 'Doğunun ve Batı'nın Hakanı" unvanı ile güçlendirilen Tuğrul Beye tüm Müslüman topraklarını fethetme yetkisi verilmişti. Yaşı yetmişi geçmiş ve çocuğu olmayan Tuğrul Bey zorla Abbasi halifesinin kızıyla evlenmek istiyordu. Sonuçta evlilik gerçekleşti. Bu olay Bağdat merkezli bir Selçuklu kurumlaşmasını getirmişti. Irak'ta uzun süre kalan ve eşitsizliği kutsallaştıran yeni düzenin kurulması Türkmenlerin tepkisine ve isyanına dönüştü. Hükümdarın İranlı Müslüman bir hükümdar gibi davranması çevresinde Arap ve İranlı görevlileri yığması olayın kısa zamanda alevlenmesini sağladı. Tuğrul Beyin kararlığı, veziri el- Kundiri'nin akıllığı ve Alparslan'ın yardıma yetişmesiyle Sultanlık düzeni korundu. (1)

11. yüzyılda Bizans iktidarı, feodaller karşısında güç yitirmesi, büyük arazi sahiplerinin her türlü vergiden muaf olması, bazı bölgelerin vergisinin iltizama verilmesi, mültezimlerin devlete teslim edeceğini taahhüt ettiği vergilerin dışında keyfi tutumlar vergi toplamaları... Kısacası çürüyen mali düzen beraberinde 11. yüzyıl itibariyle Bizans'ta yaşanan mali sarsıntı para ayarının bozulmasıyla iyice su yüzüne çıktı. Asker mülklerinin birçoğunun feodal beylere feda edilmesi, belirli bir bedel karşılığı askerlikten muaf olması, yerli kuvvetlerin azalması ve ücretli askerlerden kurulu bir ordunun tesisi... (2)

Türkmen akınları çözülen Bizans düzeninin sunduğu uygun koşullarda gelişti. 10 ve 11. yüzyıllar boyunca Toprak sahiplerinin ezdiği köylülerin boyunduruğuna en büyük katkıyı, muazzam servetler biriktiren kilise ve manastırlar ekleyince halkın düzene olan bağlılığı iyice azaldı. Sonuç açıktı Bizans'ın Türkmen atlarını nallarıyla darmadağın edilmesini getirdi.

Asya'da Dalassenes'ler, Phocas'lar, Skleros'lar, Comnenes'ler, Paleologuesler; Avrupa'da Bryennesler, Melissenes'ler, Cantacuzenes'ler, hep büyük toprak sahipleriydiler ve sürekli çapulla, vurgunla mallarına mal katıyorlardı. Çıkar ortaklığına dayanan, evlilik işliklerini sınıfsal egemenlik bağlarını güçlendirmede kullanan, Araplara ve Türkmenlere karşı ortak savaş birliğine ve seferlerin artırdığı yoğun dayanışmaya sahip bu güçlü sosyal topluluk, askeri aristokrasinin sınıf bilinci ile merkeze karşı isyan halindeydi. (3) Türkmen akınları Anadolu'da merkezi Bizans İmparatorluğunun çözülüş dönemi ile eş zamanlı gelişti. Ancak Türkmenlerin Anadolu'ya akışını planlı, uyumlu bir Selçuklu yönlendirmesi olarak görmek ve Malazgirt 'efsanesi'ne dayandırmak gerçeklerin üstünü örtmektir.

Türkmen akınların karşısında yetersiz kalan Gaznelilerin Hindistan'a çekilmesi ile Gazne bürokrasisi Selçuklu hizmetine girme isteği yetişmiş bürokratik kişilerin bulunmaması sebebiyle kabul edilmek zorunda kalınmıştı. İki büyük Selçuklu Sultanı Alparslan ve Melikşah'la birlikte yönetimde eş değer güce sahip olan Nizamülmülk 'te Gazne bürokrasisinde yetişmişti. Türkmenleri hor gören 'köle' komutanlardan Gevher-Ayin, Ay-Tegin-i Süleymani, Erdem ve Humar- Teğin Tuğrul Bey'in en güvendiği askeri şeflerdi. Alparslan ve Melikşah döneminde de 'köle' kökenli komutanlar önemli güce sahiptiler. Tuğrul Bey'in Kürt, Arap, İranlı, Deylemli 26 kendine bağlı yerel egemeni bulunmaktadır. Selçuklular bu egemenleri yerinde bırakır, belli bir miktar haraç vermek, gerektiğinde askerleriyle birlikte hizmete koşmakla mükellef tutarlar. Bu güçlü dönemler için geçerli ise de Selçuk zayıfladığında çok çabuk bir şekilde bu topraklar elden çıkıp karşı gücün hizmetine geçmiştir.

Vasal devletler sistemine dayanan Selçuklu İmparatorluğu hızla genişler. Sasani ve Abbasilere göre Selçuklular merkeziyetçilikten oldukça uzaktırlar. Kürt, Arap, Gürcü, Ermeni egemenleri düzenlerini Selçuklu kuruluşundaki büyük çelişkiyi çözecek sosyal, siyasal, kurumsal imkânlardan yoksundu. Selçuklu Devleti, önceden varolan toplumsal, ekonomik, siyasal düzenlerin yabancılaştırılmış bir Türkmen çerçevesi içinde yeniden sunuluşudur. Selçuklular daha önce Gazneliler'in denedikleri, ancak başarılı olamadıkları Sünniliği egemenlik ideolojisinin bir aracına dönüştürürler. Egemenler açısından dinin ideolojiye dönüştürülmesi ve kurulu düzenin kutsal himaye altına alınması şeriatın gereği olarak değerlendirilir.

Selçuklu beyleri, Müslüman Sultanlara dönüştükçe, Halife'nin ve daha önceki hanedanların egemenlik kaynakları, iktidar biçimleri ve otorite araçları konusunda fikir edinmeyi başladılar. Bu durum Sultanların adlarına da yansıdı. Melikşah ve ondan sonraki sultanların genellikle Arapça olan adları ve Türkmen geleneklerinden uzaklaşmanın göstergeleri arasındadır.

Selçuklu düzeninin temel gücü ordudur. Selçuklu'nun çıkışı Türkmenlere dayalıdır. Ancak Melikşah döneminden başlayarak, bu orduda Artuk gibi kökenlerinde kopmuş Türkmen beylerinin de yer almasına karşın, ordunun en önemli kısmını, tutsaklardan derlenmiş profesyonel askerler meydana getirmiştir. 12. yüzyıldan itibaren, Selçuklu Ordusu kendinden önceki İran ve Arap orduları tarzında örgütlenirken Kürtlerin de ağırlığı artıyordu. (4)

Belirgin amaçları olan bir Türkmen bürokrasisinin bulunmayışının sağladığı manevra alanını kullanan büyük vezirler bir dizi sosyal-politik manevralarla eski bürokratik yapının tesisiyle devlet mekanizmasını tamamen ellerine geçirdiler. Bunun sonucunda Alparslan ve Melikşah'ın büyük veziri Nizamülmülkten itibaren Araplaşmış ve Sünnileşmiş bir devlet yapısı Türkmenlerin karşısında teşkil oldu. O günün koşullarında ulus fikrinin yeşermemesinin öne sürülerek kendi gücüne dayanmamanın gerekçesi oluşturulmamaya çalışılsa da en asından 'kavmiyetçiliğin' bile yapılmadığı aksine Türkmenliğinden utanan bir yozlaşmaya doğru evrilmiş bir devlet yapısı ile karşı karşıya olunması gerçeğini de bize göstermektedir.

Selçuklu'da bu o kadar üst düzeye çıkmıştı ki; Devlet içinde asıl devleti simgeleyen Nizamülmülk'ün oğlu Şemsülmülk Melikşah'ın Merv'e atadığı askeri komutanı görevden alır ve cezalandırır. Bunun üzerine Melikşah Tacülmük aracılığıyla büyük vezire, şu tehdidi gönderir:

Sen benim memleketimi istila ettin. Memleketimi oğulların, damatların ve kulların arasında öyle paylaştırdın ki, sanki sen saltanatta benim ortağımsın... Sen ne yetkiyle, fermanımız olmadan evlatlarına ülkeler ve iktalar veriyor, istediğini yapıyorsun? İster misin ki, önünden hokkanın ve başından sarığın alınmasını buyurayım?

Nizamülmülk'ün Melikşah'a cevabı ise şöyledir: Sultan benim saltanata ortak olduğumu bugün mü biliyor? Benim hokkam ile onun tacı birbirine bağlıdırlar. Ne zaman hokkayı kaldırsa, tac da kalkar. Melikşah kudretli veziri görevinden alamaz. Ahbar üd-devlet is-Selçukiyye'de el-Hüseyni Melihşah'ın vezirinden kurtulma biçimini şöyle kaydeder: Askerlerce aşırı sevildiğinden Sultan kendisini azletmekten korktu. Çünkü Nizamülmülk pek çok güç sahibi idi, kölelerinin sayısı 20 bine ulaşıyordu. Başka bir çare bulamadıkları için bir Deylemliyi... Üzerine saldırttılar. (5)

Nizamülmülk, Hasan Sabah'ın fedaisi tarafından öldürülür. Alamut Kalesinde üslenmiş olan Deylemi kökenli bu fedailer topluluğu Selçuklunun iç savaşlarında zaman zaman eylemleri ile belirleyici olabilmiştir. Büyük vezirin ölümünden sorumlu tutulan Tacülmülk, Nizamülmülk'ün adamları tarafından öldürüldükten sonra Sasani geleneğine dayalı vezirler Melikşah'ın oğullarından istediklerini tahta geçirerek Selçuklu hanedanlığını göstermelik hale getirmişlerdir.

BEŞİNCİ BÖLÜM

Babailer : Anadolu Devrimin Kavşak Noktası

Baba İlyas Baba İshak Menteş ve

Hacı Bektaş Hakkındaki Gerçekler

Babai ayaklanması kavşak noktası ve kendinden sonraki tüm kalkışmaların tetikleyici ve Anadolu'ya isyancı tohumların ekilmesinde eşit ve özgür bir dünyanın özlemini bize öğretmesi açısından çok önemlidir. Bu konu hakkında bilgi ve belgelerin azlığı yada kasıtlı belgeleri saklanan bir dönem olması bizi bu uzun bekleyişe sürükledi. Üstelik eldeki belgelerdeki bilgilerin çelişkilerle dolu olması ince elemek sık dokumak gereğini getirmiştir.

Örneğin Hace* Bektaş Baba İlyas tarafından Rum diyarının önderi Karaca Ahmet Sultanı ikna etmeye gönderildiği için çatışmalar bulunmadığı, kardeşi Menteş'in çatışmalarda öldüğünü belirten kaynakların yanı sıra, küçük olduğu için savaşa katılamadığı az sayıda kalan kişiyle birlikte Karaca Ahmet Sultan'ın meclisinden Bacıyan Rum Teşkilatının onları kurtardığı ve koruduğu, bunların daha sonra Musayı Kazım soyundan gelen Hace Bektaş etrafında toplanarak hareketin devamı sağlandığı gibi birbiriyle çelişen bilgiler var. Bizce önemli olan Türkmenlerin sömürgeci Moğollara karşı ilk budun hareketi (ulusal direnişi), Ankara'da kurulan Ahi Devleti ve ilk meclisleşme (Bacıyan-ı Rum, Ahiyan-ı Rum ve Gaziyan-ı Rum), Türk dilinin resmi dil olarak ilanı, Hümanizmin kökenlerini atanlar bu ayaklanma içinde yetişmiştir.

Ahi Devleti'nin kurucuları içinde önemli yere sahip Şeyh Edebali kendisi gibi Kayı boyundan gelen Osman Bey'i kızı ile evlendirip, devletin anahtarını ona teslim etmiştir. Osman Bey ve Orhan Bey zamanında Divanı Hümayuna istedikleri an kapıyı çarpıp girebilen Alp Erenlere büyük saygı duyulurken, kendine bey unvanını yakıştıramayan Murat Hüdavendigar (Allah Gölgesi) adını alıp Türkmenleri ilk kez devlet mekanizmasından kovmuştur. Türkmenler Hüseyin Gazi ve Battal Gazi döneminden Bizans zulmüyle inleyip Hıristiyan gibi gözükerek yaşarken, yine Bizans'a özenen Osmanlı onlara zorla Kızıl Börklerinin yerini yeşil sarık giydirip Müslümanlaştırmaya çalışmıştır.

Bin yıl Hıristiyan zulmüyle inleyen Türkmenler bin yılda İslam zulmüyle karşılaşmışlardır. Katı Ortodoks Hıristiyanlık ve Şeriatçı İslam rejimleri altında karındaş hukukunu yaşatmaya, Heteredoks (karışık) İslam yada Batıni - Tasavvufi inançlarını kah gizli saklı yaşarken kah da yeter deyip kalkışlarla kendi düzenleri kurmak istemeleridir.

1239-1240 tarihinde Anadolu'da yükselen, Baba İlyas-Baba İshak ikilisi önderliğindeki toplumsal başkaldırıyı, büyük halk ayaklanmasını, Aleviliğin ihtilalci siyasetlerinden Babailiği yaratmıştır. Babailik toplumsal halk hareketi, Babek-Hurremi ve Karmati-Mazdek Ütopik Komünizminin ihtilalci geleneğinin Anadolu'daki yansımasıdır.

"Babai ayaklanmasının, Türkmenliğin artan öneminin ve Sultanlığın feodal çözülüşünün ifadesi olduğu söylenmelidir. İsyan aynı zamanda anti-feodal özellikler edindi ve böylece bir sınıf savaşıdır" Ernst Werner

Eylemin karargahı Ballıca Mağarası ve mağara kültüne kısaca değinirsek;Tokat' ın batısında Yeşilırmak vadisine bakan kuzey yamaç da yer alan "Ballıca Mağarası" Tokat' a 36 km Pazar ilçesine ise 8 km uzaklıktadır. İslami bir motifte olan Mağara kültünde Hz. Muhammed'e Vahy, Hıra mağarasında gelmiştir. Ve yine bir mağara da saklanmıştır. Çoban ve göçebe Türkmen topluluklarında mağaralar ve dağlardaki oyuklar kutsal kabul edilerek "korunak" olarak kullanılmışlardır. Yasak olduğu dönemlerde Hıristiyanlar ibadetlerini gizli olarak mağaralarda eda etmişlerdir. (1)

Mağara da zikirden amaç; bedeni arındırarak, ruhun "Hakk ile Hak" olmasıdır. Bu nedenle mağaralar kutsal kabul etmişlerdir. "Allah'ta yok (Fenâ Fillah) olma/kılabilme" makamı olarak kabul edilmiştir.

Alevi tasavvufunda, mağara kalbi ve gönlü simgelediği gibi, içsel ve ruhani dönüşüm sağlayan bir aydınlanma mekanıdır. Mağara ana rahmini de sembolize ederek, yeniden doğuşu simgeler. Hâce Ahmed-i Yesevi, 1103 yılında Yesi'de dünyaya gelmiş, 1166/7 de bir oyukta inzivaya çekilmiş ve 125 yıl Hakk'a ve halk'a hizmet ederek, 1228 yılında yine Yesi'de Hak'ka yürümüştür. Hacı Bektaş-i Veli, Anadolu'ya gelip Suluca-kara-höyüğ'ü yurt edindikten sonra, bir mağarada çile çekip zikretmiştir. Bütün Alevi Uluları geleneksel olarak bir mağara da Tevhid Çekip erbain çıkarmışlardır.

Ballıca Mağarası'nı barınak olarak kullanan dönemin Alevileri (Babai Toplumu), geleneğe uyanarak yeniden dirilir ve derlenir. Ballıca Mağarası geçici bir süre, Babai İsyanı'na katılan cemaate sığınak ve barınma mekanı olmuş, Babai kalkışmasında "Askeri Karargahı ve Lojistik Destek" yeri olarak kullanılmıştır.

Babailer ve Babai Ayaklanması

Baba İlyas'ın mürşidi/piri Dede Garkın'dır. Menakıbul – Kutsîye ile Hacı Bektaş-ı Veli Vilayetnamefi'nin verdiği bilgiler tamamlanacak olursa Dede Garkın Moğol istilası önünden kaçan Harzemliler ile Anadolu'ya gelen ve muhtemelen 1220 dolaylarında Elbistan havalesine yerleşen bir Türkmen babasıdır. (2) Elvan Çelebiye göre ise Dede Garkın'ın baş halifelerinden olan Baba İlyas, Dede Garkın'ın görevlendirmesiyle Amasya'nın Çat köyüne giderek zaviyesini kurmuştur.

Şeyh Ebu'l-Beka Baba İlyâs-i Horasanî, Moğol istilâsı sırasında Harezmşahlar'ın hakimiyetindeki Horasan'dan Anadolu'ya gelmiş bir Türkmen Şeyhi'dir. Baba Resul diye de tanınan Baba İlyas 637'de (1239/40)'de Anadolu Selçuklu Sultani II. Giyaseddin Keyhüsreve karşı iktidar erkini ele geçirmek amacıyla bir halk ayaklanması hareketi başlatır, diyorlar tarih araştırmacıları. Baba İlyas, Haraşna (Amasya) - Çat Köyü'ndeki Zaviyesini "Askeri Komuta Merkezi" haline getirerek Babai Hareketinin Başkomutanlığına atadığı halifesi Bayat boyundan Baba İshak ve 60 Türkmen Babası ile isyanı organize etmiştir.

Babai İsyanına katılan ve belli yöreleri teşkilatlayan bazı önderler şunlardır; Piri Baba, Koyun Baba, Hubyar Sultan, Şeyh Nusret, Gajgaj Dede, Davut Baba, Pertev Sultan, Emir-i Çin Osman, Ayna Dola, Nure Sufi, Hacı Mihman, Şeyh Edebalı, Menteş ve Kardeşi Hace Bektaşı Veli, Sarı Saltuk, Barak Baba, Aybek Baba, Baba Merendi, Taptuk Baba, Emircem Baba, Şeyh Hasan Oner, Şıh Bahşiş, Şeyh Ahmet Tavil, Geyikli Baba, Dur Hasan Baba, Şeyh Balı, Karaca Ahmet Sultan gibi bir çok Baba İlyas halifesi katılmış, bunlardan çok azı kırımdan kurtulabilmiştir. Yada Alevi hareketini daha sonra toparlamak üzere bölgeden müritlerce uzaklaştırılmışlardır.

Malya katliamından geri kalan baba ve dedeleri Alevi Seyyid Ocaklarını Hacı Bektaşi Veli (1209/10-1271/3) çevresinde 1240 sonrası toparlayarak Alevi – Bektaşi örgütlenmesini yeni baştan yaratarak ve yaşatarak bugünlere getirmişlerdir. Bu nedendir ki Ahmet Yesevi-Ebul Vefa-Baba İlyas'ın halifeleri 1240 sonrası Hace Bektaşi Pir kabul ettiklerinden onun halifesi sayılmışlardır.

Baba İshak tarafından harekete geçirilen Türkmenler Malatya ahalisini isyana teşvik etmişler ve batıya doğru yönelmişlerdir. Harekatın boyutları büyümüş, giderek Sivas Tokat, Amasya, Çorum, Yozgat, Nevşehir, Kırşehir ve Aksaray'ı sarmıştır. Baba İshak ve Türkmen ordusuna karşı ilk savaşa giren ve yenilen Malatya valisidir. İkinci kez Malatya valisi Muzafferuddin Alişir Hıristiyan halk ve Manastırlardan topladığı okçularla birlikte Kürtler ve Germiyanlılar'dan oluşturduğu bir ordu ile Baba İshak Türkmen kuvvetleriyle savaşır ve yenilir. Böylece Horasanlı Baba İlyas ve Şamlı Baba İshak, feodal hükümete karşı, Sultan I. Alaeddin'in son dönemlerinden itibaren (1230'dan sonra) oluşmaya başlayan nesnel koşulların tam olgunlaştığı; feodal beylerin köylü ve konar-göçer halk yığınlarını ağır haraç ve vergilerle canından bezdirdiği son on yılda yarattığı ihtilalci Babai Siyaseti'yle, Konya'ya yürümeyi ve iktidarı ele geçirerek eski düzeni yıkıp, kendi düzenlerini kurmayı amaçlamışlardır. (3)

Prof. Dr. Ahmet Yaşar Ocak, "Babai isyanını nakleden çağdaş kaynakların hemen tamamı, olayların, Baba İshak tarafından Maraş ve Elbistan mıntıkasında girişilen faaliyetlerle başladığını haber verirler" demektedir. (4)

Prof. Dr. Mikail Bayram ise, Baba İshak'ın harekatını Moğollara ve Moğol yanlısı yönetime karşı direniş arz eden Türkmen İsyanı olarak değerlendirmektedir. (5)

Dr. İ. Kaygusuz ise; Baba İlyas-Baba İshak ikilisi önderliğinde ki toplumsal başkaldırıyı: "Babailik toplumsal halk hareketi, Babek-Hurremi, Karmati-Mazdek geleneğinin Anadolu'daki yansıması" olarak değerlendirmektedir. (6)

Aslında Babai Ayaklanmasi'nda daha önemli belirleyici unsur "Alamut Nizari İsmaili öğretisi ve stratejisi"dir.

Gadi Nassi; "İki Bizans gizemci hareketi" dediği Paulikien (Polisyenlik) ve Bogomillik öğretisinin "Osmanlı tasavvufunun doğuşu"nu hazırladığını; Babai ve Bedreddin ayaklanmalarının coğrafi ve düşünsel altyapısını oluşturduğunu belirtmektedir. (7) Önemli tarihçimiz, Prof. Dr. Fuat Köprülü'de aynı görüştedir.

10 Muharrem 637/12 Ağustos 1239 Çarşamba günü başlayan Babai isyanı Malatya Sivas Amasya güzergahındaki bölgelerde yaygınlaşır. Selçuklu başkenti Konya'ya yürümek üzere Kırşehir-Malya Ovası'nda Türkmenler toplanır. Selçuklu ordusu Kürt Ermeni Gürcü ve Frenk askerlerinden oluşan bir kuvvetle Kasım ayında Malya Ovası'nda çocuk ve kadınlarla olan Babai Türkmenlerine saldırarak kılıçtan geçirilir. Baba İshak öldürülerek isyan kanlı bir şekilde 1240'da bastırılır.

Ayaklanma öncesi Ebu'l Ferec (Ö. 1286)'e göre; bir Türkmen Şeyhi olan Baba İlyas Amasya'daki zaviyesinde kendisini Resul ilan ederek Anadolu'daki Türkmenleri kazanmak üzere baş halifesi Şeyh İshak'ı Adıyaman'a gönderir. İşte bu dönemde de kanımıza göre; Baba İlyas'ın halifesi Piri Baba'yı damadı Şeyh Hasan Oner'e ulak olarak Malatya Arapkir'e göndermesi güçlü bir olasılıktır. Baba İshak Şami ve Piri Baba Adıyaman Malatya bölgesinden topladıkları Türkmen oymaklarıyla Konya'ya yürümek için Malya Ovasına gelmişlerdir. Yenilgiden sonra ise dağılmışlardır. (8)

Amasya tarihçisi H. Hüsameddin'e göre Amasya valisi Berge Han Baba İlyas'ın müridi olduğu için onu koruyarak Amasya'da şeyhliğine devam ettirmiş ve vakfiye vermiştir, 1258/9 tarihinde ölmüştür. Türbesi ise Çat Köyün'dedir. Diğer bir rivayete göre ise, Baba İlyas Amasya kalesinde hapisteyken zindandaki hücreye bir at gelerek buna binmiş ve göğe ağıp gitmiştir. Tıpkı Hz. İsa yahut Mani gibi bir daha yeryüzüne gelmek üzere göğe çekilmiştir. Bu durumu gören hücresindeki keşiş ise Müslüman olmuştur. Bir başka rivayete göre ise, Baba İlyas, Amasya kalesi burçlarına asılmıştır. Burçtan cesedi müritleri gizlice alarak, bu günkü Amasya Turhal yolu üstündeki İlyas köyü (Çat) adıyla bilinen yere defnedilmiştir. Halen halk tarafından türbesi ziyaret edilerek dilekler tutulmakta, çeşitli dertlere derman ve hastalara şifa dilenmekte, koçlar ve horozlar kurban edilmekte, adaklar sunulmaktadır. Bölgede ki insanlar burayı, Sarılık Evliyası olarak anmaktadırlar...

Yine H. Hüsameddin 'e göre Amasya merkez'de Ambarlı Evliya Türbesi olarak anılan mekanında Baba İshak Kefersudi'nin türbesidir. Kanımıza göre, Malya ovasında öldürülen Baba İshak'ın naşı Babai müritlerce alınarak gizlice buraya getirilerek konuştur. Baba İlyas'ın türbesi, Amasya'dan Turhal'a giderken 10, Km. bulunan İlyas (eski Çat) Köyü'nde bulunmaktadır

Aşıkpaşaoğlu (1392/3-1423/4) ise; Baba İlyas'ı Seyyid Ebül Vefa halifesi olarak zikrederek, Hacı Bektaş'ın ise, Horasan'dan kalkarak Baba İlyas'ı görmeye geldiğini ve gördüğünü, kardeşi Menteş'inde Sivas'da şehit olduğunu, kendisinin de Kara-Öyüğ 'e yerleşerek Anadolu Bacılarını (teşkilatını) seçtiğini belirtmektedir.

Alevi Ocak zade dedesi olarak Baba İlyas-ı Horasanî soyundan gelenler Çorum Meçitözü ilçesi Kalecik Köyü'nde yaşayan pir ve piroğlu aileleridir. Baba İlyas'ın torunlarından Elvan Çelebi büyük dedesinin geleneğini Alevi töresini yolunu devam ettirmek için Kırşehir'den ayrılarak Çorum'un kendi adıyla anılan köyüne zaviyesini kurarak tasavvufi düşüncelerini yaymıştır. Baba İlyas Oğuzların Bayındır boyundandır.

Prof Dr. Osman Turan şöyle demektedir: Özünden kopmuş Selçuklu yönetimi ise; Kürt, Gürcü, Rum, Ermeni asillerini ve Frenk şövalyelerinin oluşturduğu kuvvetlerle Babai Türkmenlerini ancak yenebilmişlerdir. Fakat bu hareket; "Türk dirlik ve birliğini" sağlama yönünden fikri bir harekâtın babası olarak; Osmanlı Devleti'nin kuruluşunu sağlamışlardır. Bu anlayışın ürünü ve hedefi olarak da; Babai İsyanı'na katılan "Kolonizatör Türk Dervişleri"ni, Şeyhleri, Babaları, Dedeleri, Abdalları, Ahileri, Bacılar Örgütünü; Osmanlı Devleti'nin kuruluşunda ÖNCÜ olarak görmekteyiz. (9)

1240 Tarihi; Alevi Toplumu için bir kırılma ve dönüm noktası olduğu kadar, yeniden derleniş ve diriliş, Malya Ovası yenilgisi sonucundan bilgi ve beceri edinme nirengi noktasıdır. Malatya'lı Süryani tarihçisi Ebul Ferece göre Baba İlyas Halifesi Baba İshak'ı Adıyaman'a göndererek isyanı başlatmıştır. Babailer halk hareketinin stratejik hattı Malatya Amasya güzergahıdır. Bizim kanaatimize göre, bu hat üzerinde bulunan baba ve dedeler ile Türkmen oymakları ayaklanmaya katılmışlardır.

Pavlikanizm Babai Hareketini tarihsel kalıtım olarak etkilemiştir. Orta-Asya'dan kopup gelen Şamanist ve Heterodoks İslâm olan Türkmenler; Fırat Havzası'nda ki yerli halkların inanç ve kültürlerinden de etkilenmişlerdir. Ama bu halkları da kendilerine tabi kılarak organizasyonları içine dahil etmişlerdir. Bu nedenle Babailer İsyanı bir Türkmen ayaklanmasıdır...

Babai Harekâtı çok girift bir başkaldırı olup; çeşitli kesimdeki Türkmenlerin yer aldığı devleti ele geçirme isyandır. Babailer İsyanı'nın devamı olarak da kent ve kasabalarda Ahi direnişini görmekteyiz. Her iki isyan ve direniş, mevcut iktidara ve 'sömürgeci' Moğol istilasına karşı "MİLLİ" bir karşı koymadır, ulusal şahlanıştır...

Babai Siyasetinin İnançsal Temelleri

Rum (Anadolu) Selçukluları döneminde feodal beylere (atabeyler, emirler) topraklar sultan tarafından temlik edilmekte ve bunlar üzerinde yaşayan köylülerden vergi toplama hakkı verilen yurtlar olarak bilinmektedir. Toprağı kullanma ile birlikte -satış, devretme ve miras hakkı kuşkulu- toprak üzerinde özel mülkiyet kurumu doğmuştur. (10)

Bu dönemde büyük zenginlikler feodalların ellerinde yoğunlaşmış olsa da, tarım ürünleri, değiş tokuş edilen yada satın alınan mallar ve mamul mallar, savaş ganimeti sultana gidiyordu. Sultanın evlenmesi durumunda, yada başkentte bulunmadığı uzunca bir süreden sonra dönüşünde bu, feodallere duyurulur ve onlar da sultanın sarayına armağanlar götürmek zorundadırlar. Sultan, gezi ve ziyaretleri esnasında geçtiği yerlerde kendisine güzel erkek ya da kadın tutsaklardan, altın dolu keselerden Türk ve Arap atlarından vb. oluşan armağanlar topluyordu. Tükenmeye yüz tutan hazine zaman zaman bağışlarla doluyordu. Feodaller sultana verdikleri haraçları, durumları gittikçe kötüleşen köylülere fazlasıyla ödetiyorlardı. Perişan durumdaki köylüler, dayanılmaz bir zulüm altında bunalıyordu. Feodaller, köylülere, sultanın kendilerine baktığı gibi bakıyor. Böylece ülkede zorbalık ve baskı egemenliği sürüyordu. Elbetteki köylülerin ellerinden ürünlerinin zorla alınmasını devlete şikayet edilmesi sonuçsuz kalıyordu. (11)

Böylece Horasanlı Baba İlyas ve Şamlı Baba İshak, feodal hükümete karşı, Sultan I. Alaadin'in son dönemlerinden itibaren (1230'dan sonra) oluşmaya başlayan nesnel koşulların tam olgunlaştığı; feodal beylerin köylü ve konar-göçer halk yığınlarını ağır haraç ve vergilerle canından bezdirdiği son on yılda yarattıkları ihtilalci Babai Siyaseti'yle, Konya'ya yürümeyi ve iktidarı ele geçirerek eski düzeni yıkıp, kendi düzenlerini kurmayı amaçlamışlardı. İran'da Zerdüşt Ortodoksizmine karşı yükselen heterodoks (aykırı) Mazdekizmin mutlak eşitlikçi ve paylaşımcı siyaseti, Heterodoks İslam'ın (Aleviliğin) içine girip yerleştikten sonra isyanlar, kutsal kişilerin yani Ehlibeyt ve On iki İmamların öcünü alma hareketleri olmaktan çıkmış ve kuramsal ütopik komünist ihtilaller niteliğini kazanmışlardı. 9. yüzyılın ilk yarısında 20 yıl aralıksız süren Babek Hurremi ihtilalci hareketi, onun bir çeşit devamı olan Karmati Alevilerinin ihtilalci siyaseti ile aynı yüzyılın sonlarında, yaklaşık 200 yıl süren bir devlet kurdurmuştu. Bu Karmati toplulukları, Mazdekizmden alınıp geliştirilen ütopik komünistik düzeni, kurdukları kale-kentlerinde (Dar al-Hicra) uygulamışlardı. Aleviliğin Babai siyasetinin de amaçladığı düzen farklı değildi.

Baba İlyas'ın "Peygamber olarak ortaya çıkma" eyleminden iki önemli nesnel olgu çıkarıyoruz: Tanrı-İnsan bütünlüğü ve Tanrı'nın insan olarak görünüm alanına çıkması (epiphaneion), insanlaştırılması. Tanrı'yı köylü kılığında tanımlama, köylü kitlesinin, yani halk çoğunluğunun yüceltilmesi, tanrılaştırılması olarak algılanmalıdır. Bu çoğunluk, yani halk her şeyin mutlak sahibidir, her şeyi yapmaya gücü yeter. Yönetim erki de onundur, o kullanır ancak. Biz, tasavvuftaki "Enelhak (Tanrı benim)" inancının bir çeşitlemesi olan "El-Hakk-u Hüv-el Halk, v-el-Halk-u Hüv-el Hakk (Tanrı Halk'tır, Halk da Tanrı'dır)" söyleminin, bir veli tarafından uygulamaya konulması olarak görüyoruz. Bu bağlamda Halk'ı, Hakk'ın gölgesi ve örtüsü olarak yorumlayan tasavvufi görüşlere rağmen sonuç değişmiyor.

"Halk Hakk'ın gölgesi ve örtüsüdür' yorumu da, Ortodoks İslamın (Sünnilik) devlet ve iktidar anlayışına taban tabana zıttır ve Halk demokrasisi anlayışıdır. Çünkü Şeriat yönetiminde: mutlak iktidar Allah'ındır. Ancak yeryüzündeki gölgesi ve peygamberin vekili halifeye devretmiştir. Bütün Müslümanlar Halife'nin tebaa'sıdır."(12) Demekki, Malik-i Mülk (mülkün, dünyanın sahibi), Hakk ile eşitlenen Halk'tır. İktidar doğrudan halkındır. Baba İlyas yorumladığımız inancıyla oluşturduğu siyasette, örnek aldığı Babek Hurremi'den daha ileridedir. .

Abu'l- Farac'ın, "Baba İlyas'ın Muhammed'in yalancı olduğu, peygamber olmadığını ileri sürdüğünü" yazması, Hıristiyanlığın Ortodoks mezheplerinin Muhammed hakkındaki düşünceleridir. Baba İlyas, Muhammed'e ne yalancı demiş ve ne de onu yadsımıştır. Böyle yapması, her inanç, din ve milliyetten (feodalların ezdiği) halk kitlelerini ayaklanmaya çağırma siyasetine aykırı düşerdi. Onun düşüncesi, Karmati lideri Abu Tahir Süleyman'ın bilinen en büyük eylemi olan 930 yılında Mekke'yi basarak, kutsal sayılan Cennet'ten geldiğine inanılan Hacer el-Esved (kara taş) yerinden söküp başkenti Al Ahsa'ya götürmesindeki inanç anlayışıyla ilişkilidir: Ortodoks İslam çağı ve Muhammed'in peygamberliği artık sona ermiştir. Her çağın halk ve insanlık önderi, o çağın hem imamı (velisi), hem peygamberidir. İnsanlığı bunlar kurtaracak, halkları ezen zalimleri ortadan kaldırarak; dünyayı insanca kardeşçe yaşanır ve ortakça-eşitçe yararlanılır duruma getirmek onların görevidir. İşte ikinci önemli sonuç ya da nesnel olgu budur: Baba Resulullah, proto-Alevilerden Karmatilerin inanç ve düşünceleri ve onların devamı olan Nizari İsmaililerin Alamut lideri Hasan Sabbah inanç anlayışıyla harekete geçmiştir

Horasanlı Hace Bektaş'ı Rum Erenlerine Baba İlyas mı göndermişti?

Hace Bektaş, Elbistan ovasında Dede Kargın'la görüşüp-halleşerek halifesi olmuştu. Ancak son araştırmalarımızda vardığımız sonuca göre, otuz yaşlarındaki genç İsmaili daisi olarak Batıni derviş Hace Bektaş'ın bir kaç yıllık gezi ve propaganda görevinin arkasından son durağı Rum diyarı, yani Anadolu olmuştur. Ancak onu Anadolu'ya gönderen Ahmed Yesevi yada onu izleyen çevre değil, Alamut İmamı Alaeddin Muhammed III (1221-1255) olmuştur. Alamut'tan Horasanlı Baba İlyas'a yeni bilgiler getirmiş ve onun hizmetine girmiştir. Bu propaganda döneminde batıni daisi Hace Bektaş'ı, ya bizzat Baba İshak'ın kendisi Baba İlyas'a götürdü, ya da yanına adamlar katarak gönderdi. Vilayetnâme bunlardan açıkça söz etmiyor. Ancak Aşık Paşaoğlu (1481), Elvan Çelebi (1358-9), Ahmet Eflaki (1353) ve Mehmet Neşri (1492)'deki kısa bilgilerle ve Vilayetnâme (1480'li yıllarda) söylencelerindeki özü birleştirdiğimizde, gerçekler aydınlığa çıkıyor.

"Hace Bektaş'ın Anadolu'ya gelmesini beyan edeyim" diyen Aşık Paşaoğlu sürdürüyor:

"Bu Hace Bektaş Horasan'dan kalktı. Bir kardeşi vardı, Menteş derlerdi. Birlikte kalktılar. Anadoluya gelmeye heves ettiler. . . O zamanda Baba İlyas gelmiş, Anadolu'da oturur olmuştu. Hace Bektaş kardeşiyle Sivas'a, Sivas'tan Baba İlyas'a geldiler. Oradan Kırşehir'e, Kırşehir'den Kayseri'ye geldiler. . Hace Bektaş kardeşini Kayseri'den gönderdi. Vardı Sivas'a çıktı. Oraya varınca eceli yetişti onu şehit ettiler. . . " (13)

Hace Bektaş Veli, Âşık Paşaoğlu'nun belirttiği gibi Baba İlyas ile görüştükten sonra, kardeşiyle birlikte önce Kırşehir'e, sonra Kayseri'ye gitti. Bize göre keyfince gitmedi; Baba İlyas Horasani tarafından, Rum erenlerine Peyik (elçi) hizmetiyle gönderildi. Nasıl mı? Vilayetnâme'nin söylencesel dilinden dinleyelim:

"Hünkâr Hace Bektaş Veli Rum ülkesine yaklaşınca mana aleminden Rum erenlerine: 'Selamlar sizin üzerinize olsun Rum'daki erenler ve kardeşler' diye selam verdi. 57 bin Rum ereni sohbet meclisindeydi. Rum'un gözcüsü Karaca Ahmed'di. "Hünkâr'ın selamı, Fatma Bacı'ya malum oldu. Bu kadın Sivrihisar'da Seyyid Nureddin'in kızıydı; henüz evlenmemişti; sohbet meydanındaki erenlere yemek pişirmekteydi. Karaca Ahmet de Seyyid Nureddin'in müridiydi. Fatma Bacı ayağa kalkıp, Hünkârı'n geldiği yöne dönerek elini göğsüne koydu ve üç kez 'dedi selamını aldım', yerine oturdu. "Meclistekiler: 'Kimin selamını aldın?' dediler. Fatma Bacı: 'Rum ülkesine bir er geliyor. Siz erenlere selam verdi; onun selamını aldım.' dedi. Erenler: 'Sözünü ettiğin er nereden geliyor?' diye sordular. Fatma Bacı: 'Kendisi Horasan erenlerindendir. Ama şimdi Beyt-Allah tarafından geliyor... " (14)

Görüldüğü gibi burada (Kayseri ya da Eskişehir çevresinde), Karaca Ahmet'in gözcülüğü altında bir toplantı yapılmaktadır. İlk dönem Osmanlı tarih yazıcılarından Tarihçi Ali, Künh-ül Ahbar'da

"Ol tarihte Rum erenlerinin şöhretli kutbu Karaca Ahmet Sultan idi. Çağında elli yedibin müridi onun emrindeydi... Sivrihisar'da oturan Seyyid Nureddin adında bir zatın terbiyesinde seccade-nişindi..."

diye yazmaktadır. Şakaayik'te ise Horasan'da bir şahın oğlu olduğu ve cezbeye kapılarak Rum ülkesine geldiği belirtilir. (15)

Karaca Ahmet Sultan Gaziyan-ı Rum'un baş erlerinden biri olacaktı daha sonra. Toplantıda Seyyid Nureddin'in kızı Fatma Bacı'nın görevli bulunduğu görülmektedir. Bu Fatma Bacı'nın daha sonra Alevi-Bektaşi literatüründe Hatun Ana, Fatma Nuriye, Kutlu Melek, Kadıncık Ana diye anılacağını ve Bacıyan-ı Rum'un baş bacılarından olacağını biliyoruz. (16)

Hace Bektaş'ın Rum'daki erenlerini ziyarete gelişinin amacı; Karaca Ahmet Sultan'ın 57 bin müridiyle, yani kendisine candan bağlı 57 bin kişilik gücüyle, Baba Resul'un Suriye ve Anadolu'da her kavimden, her dinden edinmiş olduğu 72 bin müridini, yani bu denli insan gücünü birleştirmenin yollarını aramaktı. Bize göre, Kırşehir, Kayseri, Sivrihisar-Eskişehir gibi Rum'un batısındaki kentlerin çevresindeki Türkmen yığınlarının önderleri, başkaldırı arifesinde kendileriyle birleşmesinin tezelden sağlanması gerekiyordu. Genç bilge ve ermiş, yedinci İmam Musa Kazım'dan inme Horasanlı batıni daisi Hace Bektaş aracılığıyla birleşmeye çağrılıyorlardı.

Bu büyük toplantının, Baba İlyas'tan daha önce gelen bir haber üzerine yapılmış olması da olasıdır. Urfa-Samsat, Adıyaman, Maraş ve Malatya'dan Amasya'ya Tokat'a uzanan bölgelerdeki kaynaşma ve gelişmelerden de habersiz olamazlardı.

Kaynakların hemen hepsinin Karaca Ahmet Sultan'ın "Horasan şahlarından birinin oğlu olduğunu" söylemesi, onun gerçekten Bektaş'ın yaşlarında ve bir bey oğlu olduğunu gösterebilir. Belki de Horasan'dan tanışıklıkları vardı. Rum'un batısı Karaca Ahmet'ten soruluyordu ve aynı zamanda bir hekimdi. Kendisine bağlı elli yedi bin müridiyle çok büyük bir güçtü. Horasanlı Hace Bektaş bu sırada devreye sokulmuştu. Hace Bektaş, Karaca Ahmet Sultan'ın kişiliğinde bilgi, görgü, inanç ve ikna gücüyle elli yedi bin Rumlu Erenler topluluğunu kendisine bağlamış ve peşinden çekip götürmüştür. Zaten Karaca Ahmet'in, Orhan dönemine dek yaşadığı ve Babailerden olduğundan Osmanlı tarih yazıcıları hemfikirdirler.

Baba İshak Selçuklu Ordularını Peşpeşe Yeniyor

Baba İlyas'tan haberi alan Baba İshak ayaklandırdığı güçlerin başına geçerek Kefersud'dan hareket etti. Hısn-i Mansur (Adıyaman), Gerger ve Kahta üzerinden ilerlemeye başladı. Kadın erkek, genç yaşlı eli silah tutan herkes savaşa katılmış, onun peşinden Baba Resul'u görmeye gidiyorlardı. İbn Bibi'nin tanımlamasına göre, büyük çoğunluğu "Siyah libaslı, kızıl börklü ve ayağı çarıklı Türkmenlerdi" bunlar ve heterodoks İslam (Alevi) inançlıydılar. Baba İlyas'ın peygamberliğini kabul edip ilerledikçe sayıları da artıyordu. Malatya valisi Muzafferuddin Alişir Selçuklu ve Hıristiyan paralı askerlerden bir orduyla Baba İshak'ı karşıladı. Yapılan meydan savaşında yenildi ve tüm ağırlığını bırakarak Malatya'ya geri çekilmek zorunda kaldı. Kürt ve Germiyanlardan oluşturduğu ikinci bir orduyla Elbistan ovasında saldırdıysa da, Baba İshak'ın yeni katılımlarla güçlenmiş ordusu tarafından bozguna uğratıldı.

Sivas'ı alıp İğdişbaşı Hurremşahı ve diğer beyleri de öldürdüler. Babailerin bu başarısı karşısında bölgenin halkları da onlara katıldı. Sivas çevresinde yaşayan Karamanlı ve Canik ve Sinop çevresinde konar-göçer yaşayan Çepni Türkmenleri de onlara katıldılar. Babailer Tokat'ı aldıktan sonra Amasya bölgesine girdiler. Bu sırada Sultan Gıyaseddin Keyhusrev II korkusundan başkent Konya'yı terk edip Kubadabad'a çekildi. Hacı Mubarızüddin Armağanşah kumandasında büyük bir ordu Amasya'ya gönderilmiş bulunuyordu. Bu ordu Amasya kalesinde savunma durumunda olan Baba Resul'u tuzağa düşürerek savunma gücünü kırdı. Simon de Saint Quentine'nin anlattığına göre çok kanlı çarpışmalar oldu. Armağanşah bu kuşatmada Baba İlyas'ı yakalatıp Amasya kalesine astırır. Ayrıca savaş meydanında mızrakla yada boğularak öldürüldüğüne dair farklı görüşler vardır. Elvan Çelebi ise, yakalanıp hapse atıldığı ve kırk gün sonra Boz at duvarı yararak onu kurtarıp göğe uçurduğunu anlatmaktadır.

Baba İshak'ın kumandası altında Babai kuvvetleri Tokat'tan Amasya'ya ulaştıklarında Baba Resul'un kalede sallanan cesediyle karşılaşınca çılgına dönmüşlerdi. Aylardır onu görmek, ona ulaşmak için yatağını yakıp yıkan, silip süpüren bir sel gibi Amasya'ya akmışlardı. "Baba Resulullah! Baba Resulullah!" diye bağırarak saldırıp Armağanşah'ın ordusunu darmadağın ettiler ve kendisini yakalayıp öldürdüler. Arkasından artık Konya'nın yolunu tutmuş bulunuyorlardı Gıyaseddin Keyhusrev bu büyük yenilginin ardından, Erzurum'daki sınır boyu kuvvetlerini, Emir Necmeddin kumandasında Babailerin üzerine sevk etti. Altı gün içinde Sivas'a ulaşan bu ordu Türk, Gürcü, Kürt ve Frank askerlerinden oluşturulmuştu. Sivas'tan Kayseri'ye, oradan da Kırşehir'e geçen Selçuklu ordusu Babaileri beklemeye başladı.

Babai kuvvetleri, Baba İshak'ın başkumandanlığında Kayseri'ye yaklaştıklarında, Ziyaret adı verilen yerde Selçuklu ordusuyla yaptığı kısa bir çatışmayı da kazandıktan sonra Kırşehir'e doğru ilerlemeyi sürdürdüler. Elvan Çelebi Kırşehir yakınlarında Kendek civarında kısa bir çarpışmadan daha söz etmektedir. (1993. Bir yine lu'b nice vakidir / Şol ki Kendek'te ceng-i sultani) Babai şeflerinin, bir toplantı yaptıklarını ve başından beri hareketin içinde olan Hace Bektaş'ı sonu yaklaşmış ayaklanmanın dışına çıkarma kararı aldıklarını görüyoruz. Bizzat Babai "askerlerin yiğit başkumandanı" Hace Bektaş'a bu kararı bildirerek, onun Kendek'e çıkıp Bereket Hacı'yı ziyaret etmesi, (2011. Server-i leşkeran ol şehbaz / Hace Bektaş diyu gelir avaz, 2012. Kendek'e çık seni selamet bil / Bereket Hacı'yı ziyaret kıl) yani onun yanına gitmesini istemiştir.

Babailer Kendek'ten sonra Malya ovasına ulaşmışlardı. Bütün ağırlıklarını, sürülerini, kadın ve çocuklarını bu düzlükte bir araya topladılar. Malya ovasına gelmiş olan Selçuklu ordusunun başkumandanı Emir Necmeddin, yardımcıları Behramşah Candar, Gürcü Zahiruddin Şir idi. Bin kişilik 3000 altına kiralanmış zırhlı Frank şövalyelerinin başında ise Ferdehala (ya da Frederic) bulunuyordu. Sonunda Selçuklu feodal sultanlığının, bütün güçlerini seferber ettiği koskoca ordusuyla (12 bin ile 60 bin arasında rakam verilmektedir), Babai halk güçleri (3 bin ile 6 bin arası rakamlar verilmektedir) 1240 yılının Kasım ayı başlarında Malya ovasında karşıkarşıya gelmişlerdi. Simon de Saint Quentin'in verdiği bilgiye göre Babai halk güçleri, iki ay içerisinde inançları uğruna hayatlarını hiçe sayarak, Selçuklu feodal kuvvetlerine karşı tam 12 meydan savaşı kazanmış bulunuyordu. Bu nedenledir ki, Selçuklu askerleri Babai güçlerinin, Türkmenlerin savaşçı şiddetinden (de la violence belliqueuse des Turcomans) korktukları kadar, aralarında yayılmış olan Baba Resul'un mucizelerinden de çekiniyorlardı; Babailerin kılıç kesmez, ok işlemez olduklarına inanmaya başlamışlardı. Onlardan 4 veya 10 kat daha fazla olmalarına rağmen saldırıya geçmeye cesaret edemediklerini söylemektedir bütün kaynaklar. (17)

Burada, büyük Babai önderi İshak'ın aralarına casuslarını sokup, onları yanlarına çekme propagandası rahatlıkla sezilebilir. Belki bir süre daha geçseydi askerlerin, silahlarını feodallere çevirmesi bile olasıydı. İşte bunun zamanında farkına varan beyler, bin kişilik, belki daha fazla olan parayla tutulmuş zırhlı frank şövalyelerini öne sürdüler. Babailer, okları ve kılıçlarının etkili olamadığı demir donlu askerler karşısında şaşkınlık içerisinde geri çekilmeye başlamışlardı. Daha ilk saldırıda Babai halk güçlerinin kayıp vererek bozgun yaşamaları yüzünden, Selçuklu askerleri arasındaki Babai propagandası kırılmış ve koca ordu kumandanlarının emirlerine uyarak savaşa giriştiler. Yapılan bu çok kanlı savaşta, İbn Bibi'ye göre 4 bin Babai öldürüldü. Malya ovası

"Kızıl börklü, siyah libaslı ve ayağı çarıklı Türkmenlerin" kanıyla kızıla kesti. Savaş meydanında sağ kalan kadınlar ve çocuklar savaş tutsakları olarak galipler tarafından paylaşıldı, satıldılar. Savaş sonrası beş yıl boyunca koğuşturmalar sürdü, zindanlar Babailerle dolduruldu. Ayna Dövle gibi yakalanıp da Babailiğini yadsımayanların derileri yüzülüp, tulum çıkarılarak saman basıldı. Bu dönem içerisinde Bacıyan-ı Rum (Anadolu Bacıları) örgütünün yardım ve düzenlemeleriyle gizlenerek sağ kalmış olan Baba İlyas halifeleri, Sulucakarahöyük'te Hace Bektaş Veli'nin çevresinde toplandılar.

* Hace : sözlü edebiyatta eski hikayeleri anlatanlar, masalcı

Babailer

Kut* Dervişi Baba İlyas
İnce yün yeleğinin cebinden
Hoca Ahmet Yesevi'nin
El yazması kelamı çıkardı
Üç kere öpüp başına değdirip
Dalıp çıkıp başka alemlere
Okudu
Her bir mülhid** karındaşının
Gözlerine uzun uzun bakıp
Sözlerinin etkisini ölçtü
" Ahdinize sadık kalın" dedi
Tekrar üç kere öpüp başına değdirip
İnce yün yeleğinin cebine koydu

Halifesi Baba İshak atın üstünde
Menteş'in kılıcı kınında
Halifenin yanı başında
Bektaş*** henüz küçük bir çocuk
Arkada atlı arabanın içinde
Kadın erkek kuşandılar kılıçlarını
Mülhid karındaşlar

Al- yeşil sedef kakmalı hançerler kınında
Topukları akıtmalı taylar gemlendi
Amasya ovası yeşil güzel
Başka bir güne uyandı
Karşıdan gelen ağır arap atlarıyla
Selçuklu Askerleri
Paralı Frank askerleri
Rumlar destekçi hemen geride

Baba İlyas ve karındaşları hep bir ağızdan
Türkçe gülbanklar okudu
"Hızır yardımcımız olsun dara düşersek" dendi
Reyhanlar kevenler papatyalar gelincikler
Hep beraber selama durdu
                semaha durdu evren
Kuşlar su taşıdı gagalarında
Zıbınında çocuklar kulak kesildi
Doğanın uyanışına
Amasya ovası yeşil güzel
Başka bir güne uyandı

İçlerinde ak libasları****
Al yeşil ışıl ışıl
Kadın erkek çoluk çocuk
Semah durur gibi savaşa durdular
Rum tarihçileri kitaplarına
Onları korkusuzluklarıyla yazdılar
Yenildiler
Toprak kanlarıyla sulandı
Kılıçlarını sıyırdılar kanlarından askerler
Atların nallarıyla deşildi vücutlar
Ak libaslar al al oldu
Yaralılar mağrurdu boyunlar bükülmedi
Kanat vuruşlarıyla saka kuşları
Su taşıdılar derman olsun diye
Reyhanlar kevenler papatyalar boyun büktü

Ölüm bir kasırgaydı Amasya ovasını sardı

Kalanlar bir mağaraya sığındılar
Baba İlyas uçtu gitti beyaz atıyla
"Mahşer gününe ant olsun geri geleceğim" deyip
Selçuklu Sultanı
"Hep bir ağızdan tövbe edin canınızı bağışlayayım" dedi
Kızılbaşların boynu vuruldu
Atlı arabaların tahta tekerlekleri kırıldı
Muhbirler zalimler bakarken korkarak
Karındaşlar hep bir ağızdan
"Hepimiz karındaştık 'dediler
Hızır sırtladı beşikleri
Zıbınlarında saf ve temiz bebeleri
Sırtladı çocukları
Bektaş bir kuş olup uçtu Hızır'ın yanı başında

Yağmalandı ortakların malları
Yağmalandı inançlar
Gelecek güzel gün düşleri
Yıkılır devri saltanatları yıkılır
Ham kalır sevinçleri kursaklarında
Çürür adları tırnakları gibi yerin altında
Düşen kır çiçekleri çoğalır elbet
Amasya ovası yeşil güzel
Başka bir güne uyanır.

Mehmet Özgür Ersan

* Kut: Tanrı kelamı
** Mülhid : Dinsiz
*** Hacı Bektaşı Veli (Menteşin küçük kardeşidir.)
**** Ak Libas: yakasız beyaz gömlek kefen olarak içe giyilir

ALTINCI BÖLÜM

Osmanlıyı Kuran Anadolu Ahi Devleti ve İlk Meclisleşme

XIII. yüzyılda gerçekleşen Babai Ayaklanması yenilgiyle sonuçlanması sonucunda Urum elinde (Anadolu'da) Türkmen etkinliği kırılmıştır. Parçalanan oymaklar kendi bölgelerinde yeni etkinlikler kurana kadar daha dar gruplar halinde çeşitli adlarla çeşitli bölgelere yayılmıştır.

Bu durum yalnız XIII. Yüzyılda değil, sonraki yüzyıllarda da Şii-Batıni inançlara bağlı tarikatların, aralarındaki ayrımlar göz önüne alınmadan kimi ortak adlarla anılmasına yol açmıştır. Özellikle Sünni yazarların, böylesi tarikatlara bağlı olanları birbirinden ayırt etmeksizin Rafızî, Harici, bid'at ve fesat ehli gibi sözlerle nitelemesi buna örnektir. Yine kaynaklarda Kalenderi, Hayderi, Abdal, Kızılbaş, Işık, Torlak sözlerinin birbiri yerine, eşanlamlı olarak kullanıldığı görülmektedir.

Nitekim Aşık paşazade Tevarih-i Ali Osman'da Anadolu'ya gelen topluluklardan şöyle söz eder : "Ve hem dahi bu Rumda dört tayfa vardır kim anılır misafirler ve seyyahlar arasında: Biri Gaziyan-ı Rum ve biri Ahiyan-ı Rum ve biri Abdalan-ı Rum ve biri Bacıyan-ı Rum" (1)

Öte yandan uç Türkmen toplumları dahil, Anadolu Türk halkının tüm sosyal hayatını düzenleyen pragmatik (yararcı; faydacı) bir sosyal-etik sistemden(fütüvvet) ve buna dayanan bir model örgütten söz etmek mümkündür. Bu model, gaziyan, ahiyyan, abdalan ve bacıyan için ortak bir modeldir. Araştırıcılar, kökleri bakımından bu modeli, İslam öncesi İran, Orta-Asya Türk-Moğol dünyası ve Roma idaresindeki Suriye ve Mısır'da rastlanan "gençler birliği" geleneğine kadar izlemektedirler. Yiğitlik / centilmenlik, dayanışma, özveri, alçakgönüllülük gibi etik nitelikler ve üç kademeli bir örgütlenme (şeyh, ahi, yiğit, şeyh, derviş, talip) modelin genel çizgileri olarak ortaya çıkmaktadır. (2)

İslam'da gizli bir örgütlenme olan ve Orta Asya steplerinin mağara ayinlerine çok benzeyen bir örgütlenme olan Kırklar Meclisi örneğidir. Bu gizli teşkilat İslam'ın bozulmadan gelecek kuşaklara aktarılması için bir nevi aksakallar topluluğudur. Bütün pagan inanışlarda bulunan Ata kültü yani cet kültü gizli bir meclisleşmeyi ve örgütlenmeyi bu düzlem üzerine kurmayı getirmiştir. Kendi aralarında yiğitlik ve cesaret düzeylerine göre doğal lider olan önder kişilikler hepsi kılıçlı ve eşitler arası eşitlik sistemine göre örgütlenirlerdi. Engels buna "Askercil Demokrasi" ve modern dünyada bu dönemin sadece burjuvazinin feodallerden iktidarı almak için işçi ve köylüleri silahlandırdığı Paris komünü dönemine denk geldiğini belirtir.

Anadolu'da oluşan Gaziyan-ı Rum ve biri Ahiyan-ı Rum ve biri Abdalan-ı Rum ve biri Bacıyan-ı Rum" adlı bu dört meclis Ankara'da kurulan Ahi Devletim yöneten dört parçalı bir meclis olduğu bilinmektedir.

Gaziyan-ı Rum; Alplar ya da Alperenler

Bu topluluklardan Anadolu Gazilerinin (Gaziyan-ı Rum), Fütüvvet ehlinin Seyfî(kılıçlı) kolundan oluştuğunu, Alplar ya da Alperenler adlarıyla da anıldıklarını; Anadolu Ahilerinin (Ahiyan-ı Rum) ise özellikle kentlerde iktisadi örgütlenmeyi gerçekleştiren Ahilerin öncüleri olduklarım biliyoruz. (3)(4)(5)

Rum abdalları ve ahilerle yan yana ayrı bir taife olarak zikreidilen Gaziyan, Osman Döneminde gördüğümüz alplardan başkası değildir ve bu alplar belli nitelikler taşıyan bir gruptur. Baba İlyas'ın torunu Aşık Paşa (1271-1332) Garibname (Maarifhame) adlı eserinde (bitişi 1310) alpların dokuz niteliğe sahip olmaları gerektiğine vurgular. Aşık Paşa'nın gaziyan kelimesi yerine, İslam'dan önce Avrasya toplumundaki bahadır önderler için kullanılan 'alp terimini kullanmış olması ilginçtir. Alp, "varlığı korumak için ay ve yıldabirbiriyle kol kola savaş" yapan bahadırlardır. Onun paraleli, nefsiyle mücadelede bulunan alp-erenlerdir.

Garibname'ye göre alp adım almak isteyen kişi için gerekli dokuz nesneden ilki, "muhkem yürek", yani cesaret sahibi olmaktır. "Yağı görüp sinmiya", cesurluk, askeri ayakta tutan "direktir" (alp'ın liderliği). İkincisi, alpın kolunda kuvvet olmalı (fiziksel güç). Herkes onun gücünü görür ve sayar.

Üçüncüsü, alp gayret ve hamiyet sahibi olmalıdır. Dördüncüsü koşul, eyi bir at sahibi olmalıdır. Osmanlılarda sipahilik, soyluluk koşuludur. Osmanlılar, Balkanlar'da Hıristiyan süvari askerini soylu sayıp tımar vermişlerdir, fakat yaya askeri(voynuklar) reaya saymışlardır. Genelde gayri Müslim reayaya ata binme yasağı vardı. Beyler arasında an değerli peşkeş attı. Garibname'ye göre, alpın atının, karnını örten zırhı olması gerekir. Zırh, karşıdan heybetli bir görünüş gösterir ve hayvanı kılıç ve ok darbesinden korur. Düşman alpı atından tanır.

Beşinci koşul, alpın zırhlı olmasıdır. Alplık zırhla belli olur. Osmanlılarda, tımarlı sipahi daima cebelü, yani zırhlı sipahidir. Büyük tımar sahiplerinin zırhlı, bürüme zırhtır.

Avrasya tarihinde, göçer halklar arasında imparatorluk kuran, yerleşik halkları egemenliği altına sokan gerçek askeri birlik, zırhlı süvari ordusudur. Şu zamana kadar ki, Şah İsmail'in 40. 000 zırhlı süvari Selim'in top ve tüfeği karşısında bozguna uğrayacaktır (1514). Başta alpların "kol kola savaşması" gereği belirtilmiştir. Bu, Aşıkpaşazade'de belirtildiği gibi, gaziler arasında yoldaşlığa işaret etmektedir.

Altıncı ve yedinci koşullar, alpın silahları, yani yay ve kılıcıdır.

Katı yay çekmek ve uzatmak ere K'ey hünerdür kim kime Tengri vire

"Katı yay", kemikle berkitilmiş uzun menzilli yaydır, Osmanlı'ya Hıristiyan askeri karşısında üstünlük sağlayan bir silahtır. Bu oku çekip uzatmak özel bir hüner ister. Alplık için gerekli yedinci ve sekizinci koşul, kılıç ve süngü sahibi olmaktır.

Yalunuz ok yay ile alp olamaz Ok ile ol alplık adın alamaz

Kılıç, alpın en değerli silahıdır, onun "altını ve incisidir". Kılıç üzre and anunçün içilür

Alplar arasında anda (and), Avrasya halkları arasında savaş birliği, nökerliği(yoldaşlığı) oluşturan ritüeldir. Osman Gazi ile alplar, garibler arasında ölüme kadar sadakat bağı, and içmek (kanlarını bir kapta karıştırıp içmek veya karıştırmak, kan kardeşi olmak) veya kılıç üzerinde yemin merasimi ile gerçekleşiyordu. Ganimet ve fethedilen topraklar, anda ile Öndere bağlı olan alplar arasında yurtluk olarak paylaşılıyordu.

Bütün bunlar gözümüzde alpı ok, yay, kılıç ve mızrakla silahlanmış zırhlı süvari olarak canlandırır. Bu süvari, gerçekten alp olmak için bedenen güçlü, yüreği cesur bir yiğit olmalıdır. Bunun yanında, Garibnameꞌnin belirttiği başka önemli bir koşul, alpın arkasında yürüyen kafadarı, yani yoldaşı olmalıdır. Yoldaş hakkında:

Pes bu alplık yalnız olmaz yar gerek Yar içün ol-baş-u can oynar gerekYoldaşlığın özel bir merasimle gerçekliğim yukarıda işaret etmiştik. Yoldaş olan alplar "kol kola" savaşmalıdır.

Aşık Paşa özetle alp kişiyi şöyle tanımlar

Kimde varsa bu dokuz nesne tamam Alp adıyla anı okur hass-u-am
Alp-eren, alp gibi savaşta değil, kendi nefsine karşı cihad yapan kişidir.
Hazret-i Peygamber'in dediği gibi:
Nefisle savaşma cihad-i ekberdir

Alp-eren için dini nitelikler şöyle özetlenir: Alp-eren, dünya sevgisine havasına kapılmamalı. Cimrilik, fısk-u fesad gibi kötü huylardan kaçınmalı. Bu huylar havayilikten doğar; "Din Alpı" bunlara karşı uğraş vermek zorundadır. Din direği olan böyle bir alp önünde halk yüzünü yere sürmelidir.

Aşık Paşa dinde alp(alp-eren) olmanın dokuz ruhani koşulunu özetler: Bu koşullar; vilayet, rizayet, kifayet, (nefsini basmak), ışk (nefsini dünya ilgilerinden kurtarıp bağımsız olma), tevekkül, Şeriat bilgisi, ilm, himmet(başkasına özveriyle yardım etme), doğru yar(eshab, arkadaş; dervişler) edinme.

Bu dokuz sıfatı nefsinde toplayan alp-eren halkın kılavuzudur. Orta Asya Türk-Moğol toplumunda nökerlik, Batı feodalizminde cmmendatio veya hommage (Almanca mannschaft) anda ile kıyaslanabilir. Marc Bloch'a göre (6) commendatio, şef ile hizmet yüklenen arasında "feodal dönemin tanıdığı en güçlü sosyal bağlardan birini" oluştururdu.

Böylece, Avrasya steplerinde olduğu gibi, alp etrafında gaza akın birlikleri oluşturmakta, her biri uc'un bir bölgesinde gaza faaliyetinde bulunmaktadır. Osman Gazi de, kuşkusuz başlangıçta bu alplardan biri idi. Onu ötekiler arasında seçkin duruma getiren özellik, bir Vefai-Babai tarikat halifesi olarak uc'a gelen Şeyh Ede Bali'nin yakınlık ve 'berekatı' olmuştur.

Anadolu'da Dayanışmanın Ruhu: Ahiyan-ı Rum ya da Ahilik

Ahi Evran'ın, "Elini, dilini, belini bağlı, kapını, gönlünü, sofram açık tut" prensibi birçok kavrama model oldu.

13. yüzyılda büyük bilge Ahi Evran tarafından temelleri atılan Ahilik felsefesi, Anadolu'da yüzyıllardır birlik, beraberlik, yardımlaşma ve dayanışmanın ruhunu oluşturuyor.

Ahi Evran'ın, "Elini, dilini, belini bağlı, kapını, gönlünü, sofranı açık tut" prensibi temel alınarak ortaya çıkan Ahilik, Selçuklu ve Osmanlı döneminde Anadolu'da yaşayan halkın sanat, ticaret, ekonomi gibi çeşitli meslek alanlarında hem iş hem de ahlaki yönden yetişmelerini sağlayan bir kurumdu.

Türklerin Anadolu›ya gelmesiyle ortaya çıkan kurumun kurucusu Ahi Evran, Azerbaycan›ın Hoy kasabasında doğdu. Bağdat'ta büyük üstatlardan ders alan ve Arapların Fütüvvet Teşkilatı'ndan etkilenen Ahi Evran, 1205'te Anadolu'ya geldikten sonra, bu yapıyı ilk Kayseri'de kurdu. Amaç, göçebe Türkmenlerin İslamlaşma sürecini hızlandırmak, Anadolu'yu Türk yurdu haline getirmek, şehirlerde yaşayan Rum ve Ermeni tacirlerle rekabet edebilmekti. Sanat, ticaret ve ekonomide kendim gösteren bu anlayış ortaya koyduğu kurallarla kısa zamanda hızla yayıldı. Sonucunda amaçlandığı gibi, Anadolu kısa sürede Türkleşip İslamlaştı, göçebe Türkmenler daha kolay yerleşik hayata geçti, Türk şehirciliği hızlandı ve yerli halkın elindeki sanat ve ticarete Türkler de katıldı.

Daha da önemlisi Anadolu'da önemli bir güç haline gelen Ahilik, Selçuklularda askeri ve siyasi faaliyetlerde de bulundu, Moğol istilası sırasında bile kendi otoritesini yürüttü ve Osmanlı Beyliği'nin kuruluşu ve güçlenmesinde etkin rol oynadı.

Ahiliğin Temel Kuralları

Çalışma hayatının temeline "İyi insan" ilkesini koyan bu anlayış, aslında "İyi ahlak", "Doğruluk", "Kardeşlik", "Yardımseverlik" gibi güzel meziyetlerin birleştiği bir sosyoekonomik düzen niteliğini taşıyordu.

Çıkışından bu yana kendine has kural ve kaideleri olan Ahilikte, Ahi olmak ve peştamal kuşanmak isteyen kişinin bir Ahi tarafından önerilmesi gerekiyordu. Gayrimüslimler, çevresinde iyi tanınmayanlar, kötü söz getirebileceği düşünülenler, zina ettiği ispatlananlar, katiller, kasaplar, hırsızlar, dellallar, cerrahlar, vergi memurları, avcılar ve vurguncular ile kadınlar Ahi olamazken, üye olmak isteyenlerden de "Yedi fena hareketi bağlaması ve yedi güzel hareketi açması" isteniyordu.

Bunlar ise şöyle: -Cimrilik kapısını bağlamak, lütuf kapısını açmak -Kahır ve zulüm kapısını bağlamak, hilim ve mülayemet kapısını açmak -Hırs kapısını bağlamak, kanaat ve rıza kapısını açmak -Tokluk ve lezzet kapısını bağlamak, riyazet kapısını açmak -Halktan yana kapısını bağlamak, Hak'tan yana kapısını açmak -Herze ve hezeyan kapısını bağlamak, kapısını açmak -Yalan kapısını bağlamak, doğruluk kapısını açmak.

Ayrıca, Ahilik teşkilatı 3 dereceli düzene dayanıyordu. Her kapı üç dereceyi içeriyordu. Bu dereceler şöyle:

Yiğit, Yamak, Çırak, Kalfa, Usta, Ahi, Halife, Şeyh, Şeyh-ül MeşayıhAhilik.

Ahilikte sanatkârlar gündüzleri iş yerlerinde 4 aşamadan oluşan hiyerarşi içinde mesleğin inceliklerini öğreniyorlardı. Akşamları da toplandıkları Ahi konuk ve toplantı salonlarında aynı hiyerarşi içinde ahlaki ve felsefi eğitim görüyorlardı.

Hala Günümüze Işık Tutuyor

Güzel ahlakı, aklıselimi, sevgi ve saygıyı, yoksula sahip çıkmayı, herkesin kendi sanatıyla yükselmesini, başkasının hakkına saygı göstermeyi, din, dil, ırk farkı gözetmeksizin herkese eşit davranmayı öğütleyen Ahilik geleneğinin günümüzde de hala ihtiyaç olan doğruları sunduğu görülüyor.

Örneğin, uzun yıllar lonca teşkilatlarıyla sosyal barışı koruyan, mesleki dayanışma ve iş ahlakıyla toplumun ayakta kalmasına yardımcı olan bu kurum, Anadolu'da yüzyıllardır mesleki örgütlenme ve denetim mekanizmasına belirli bir standart getirdi. Bugünkü siviltoplum kuruluşlarının örnek modeli oldu. İş hayatında, başarı, eğitim, çalışma, alınteri, dayanışma, fırsat eşitliği, dürüstlük ve iyi meslek ahlakı gibi ilkeleri temellendiren bu anlayış, bugünün toplam kalite, müşteri beklentileri, tüketici hakları, standart, sendikacılık, kooperatifçilik gibi kavramlarının da öncüsü. . .

Öte yandan, Ahilik'in çalışma hayatına getirdiği bu düzen, kendini diğer tüm alanlarla hissettirdi ve yüzyıllarca toplumun çoğu kesiminde birlik, beraberlik ve dayanışma gibi yüce değerleri öne çıkardı.

Ahilik törelerinin bugün bile çeşitli deyimlerde yaşadığı da görülüyor. Örneğin, "Pabucunu dama atmak", aslında ahilikteki bir törenle ilgili. Peştamal kuşanma töreninde, çıraklıktan kalfalığa geçiş öncesinde eğitimi tamamlanan çırak pabucunu dama atıyordu. Bu durum, o kişinin artık usta ve kalfalarından eskisi gibi ilgi görmeyeceği anlamına geliyordu.

Bacıyan-ı Rum; Anadolu Bacıları

Konumuz açısından bizi doğrudan ilgilendiren Anadolu Abdalları (Abdalan-ı Rum) ile Anadolu Bacılarına (Bacıyan-ı Rum) gelince..

Aşıkpaşazade, Hacı Bektaş'tan söz ederken Anadolu'da dört Müsafır(-dışarıdan gelmiş) ta'ife'den (cema'at) söz eder: Gaziyan, Ahiyyan, Abdalan ve Bacıyan. Bir yoruma göre, şeyh Evhadüddin Kirmani'nin kızı Kadın Ana Fatma Hatun, Ahi Evren (Nasirüddin Mahmud) ile evlenmiş olup Anadolu'da kadınlar arasında ahiliğe denk Baciyan ta'ifesini kurmuştur. Genelde, şeyhler neslinden zaviye yöneten hatunlar, mesela Hüdavendigar sancağından bir vakıf idare eden Tacı Hatun, Baciyan cematından sayılırlar. İbn Battuta Anadolu'da Müslüman kadınların erkeklerden kaçmayışlarını, saygılı oluşlarını hayretle kaydetmiştir. (6)

Anadolu Bacıları deyimine Aşıkpaşazade dışında başka bir kaynakta rastlanmadığı için böyle bir topluluğun varlığı tartışma konusu olmuş, hatta bu delimin Aşıkpaşazade Tarihi'nin yazmalarındaki bir imla yanlışı sonucu Hacıyan-ı Rum ya da Bahşiyan-ı Rum iken Bacıyan-ı Rum'a dönüştüğü öne sürülmüştür. Bu savın yanlış olduğunu belirten Fuad Köprülü ise Aşıkpaşazade'nin "Bacıyan-ı Rum ismi altında uç beyliklerindeki Türkmen kabilelerinin müsellah (silahlı) ve cengaver kadınlarını" kastetti görüşündedir. (7)

Oysa, eski kaynaklarda Bacıyan-ı Rum deyimine rastlanmasa da elimizdeki kimi bilgiler nasıl örgütlendiklerim bilmediğimiz, gerektiğinde erkeklerle birlikte dövüşen (Babalıların da kadınlarıyla birlikte savaştıklarını hatırlayalım) bir kadın dervişler topluluğunun varlığını göstermektedir. Çünkü Doğu Oğuz lehçesinde ve Anadolu'da kullanıldığını gördüğümüz bacı sözcüğü, bir tarikata girenler ve aynı şeyhe bağlananlar nasıl birbirlerini kardeş ya da Arapça İhvan saymışlarsa, kadınları da bacı olarak görmüşlerdir. Şeyhin karısına da ana bacı denilmiştir.

Abdalıyan-ı Rum; Abdalan ve Anadolu Abdalları

Abdal, Işık, Torlak sözcükleri genelde Derviş anlamında kullanılmaktaydı. Elbette bu sözcüklerle anlatılmak istenen dervişler, Şii-Bâtıni inançlara bağlı dervişlerdi. Yalnız Abdal sözcüğü dervişten öte bir anlam taşımaktaydı.

Bu konuda en kapsamlı araştırmayı Fuad Köprülü, Abdal sözcüğünün XII. yüzyılda genellikle derviş anlamında kullanıldığını, daha sonra Türkler ve İranlılar arasında bir anlamdeğişikliği geçirerek "Melametiyye esaslarından doğan Kalenderiye zümresi ile olan benzer sair bazı zümrelere mensup dervişleri ifade" etmeye başladığını belirtir. Yine Köprülü'ye göre Abdal sözcüğü daha çok Türkler arasında yayılmış, bu adı taşıyan derviş zümreleri Anadolu'nun fethinde önemli bir rol oynamışlardır. (8)(9)(10)

Bu tarikatlar elbette Şii-Bâtıni eğilimli tarikatlardı. Nitekim eski Türk yaşayışında şölenlere, Şamanist törenlere katılan kadınların tarikatların dinsel nitelikteki ayinlerine katılmaları yadırganmamış, giderek bacılar arasında şeyhlik, halifelik makamına yükselenler bile olmuştur. Kaynaklarda bunların bağlı oldukları tarikata özgü giysilerle dolaştıkları, ayin yönettikleri özellikle belirtilir. Ayrıca Aşıkpaşazade'nin onların adının konuk erenler arasında anması, Horasan'dan geldiklerini ve Anadolu'nun ele geçirilmesinde Gaziler, Ahiler ve Abdallar'la birlikte etkin olduklarını göstermektedir.

Aşıkpaşazade›den önce XIV. yüzyıl metinlerinde de adlarına rastladığımız Rum Abdalları konusunda ise yeterli bilgilere sahibiz. Örnekse, XIV. yüzyıl şairlerinden Kaygusuz Abdal, şeyhi Abdal Musa›yla ilgili bir şiirinde Rum Abdallarından şöyle söz eder :

Beylerimiz çıktı avlan üstüne O(n)lar gelir sultan Abdal Musa'ya Urum Abdalları postun eğnine Bağlar gelir sultan Abdal Musa'ya

Urum Abdalları gelir dost deyü Giydikleri nemed ile post deyü Hastaları gelir derman isteyü Sağlar gelir sultan Abdal Musa'ya

Aşure aylarında kanlar dökerler
Çerağlar uyarıp gülbenk çekerler
Onlar bir olmuş birliğe biterler
Birler gelir sultan Abdal Musa'ya (11)

XVI. yüzyıl şairlerinden Vahidi ise Hace-i Cihan ve Netice-i Can adlı yapıtında Rum Abdallarını şöyle betimler: "Başları kabak ve yalın ayak, tenleri çıplak, birer tennureleri var ancak, üzerlerinde birer yünden örülmüş kuşak, birer omuzlarında Ebu Müslimi sancak ve birer omuzlarında Şücai çomak. . "

Vahidi Kitab-ı Tevaifı Aşere(On Tarikatın Kitabı) Kitapta sözü edilen tarikatlar şunlardır: Kalenderi, Abdalan, Haydariyan, Camiyan, Bektaşiyan, Şemsi, Tebrizan, Mevleyiyan, Edhemiyan, Aliman Sufiyan. (12) Fahir İz'in kitabında Kalenderler, Rum Abdalları ve Mevleviler diye bölümlere ayırmıştır. (13)

Yine Vahidi'ye göre kiminin göğsünde dövmeyle Zülfikar, kiminin göğsünde Haydar-ı Kerrar'ın yani Ali'nin resmi bulunan Abdallar, Hace-i Cihan'm sorusu üzerine diyar-ı Rum'dan, yani Anadolu'dan geldiklerini; Seyyid Gazi ocağından Rum Abdalları ve Otman Baba Köçekleri, Muhammed ve Ali Dostu, Hasan ve Hüseyin kurbanları olduklarını söylerler. Ayrıca pirlerine Kurban Baba, onun da pirine Üryan Baba denildiğini belirtirler.

Bu, Kurban Baba ile onun Piri Üryan Baba XI. yüzyıl başlarında yaşamış İranlı bir sufi şairin adını çağrıştırıyor: Baba Tahir Üryan ise, kaynaklarda Selçuklu sultanı Tuğrul Bey Hemedan'a girdiğinde (1055) onunla karşılaştığı ve İbni Sina (ölm. 1037) ile çağdaş olduğu belirtilir. (14)

Şiirlerinde "serseriyane bir hayat sürdüğünü, yersiz yurtsuz bir halde tuğlayı yastık yapıp uyuduğunu" anlatır. Bu bize Yunus Emre'nin uyumak için başını bir taşa koyduğu ve oracıkta öldüğünü söylencesini hatırlatıyor bize.

Baba Tahir çevresinde oluşan menkıbeler onun halk arasında veli sayıldığını göstermektedir. Tekkesinde ona hizmet eden müridinin adı ise Patıma Lere'dir ve ikisi arasındaki "sufiyane münasebetleri medeni hal ile" açıklamanın zor olduğu ileri sürülmektedir. Kuşkusuz, bu bilgilerden yola çıkılarak Baba Tahir Üryan'in Abdalların piri olduğuna dair kesin kanıtlara sahip olmamız onun Abdalların piri olduğunu söylememize engel ancak Ehli Hakk mezhebinden oluşu en azından Abdalları etkilediği düşüncesine yol açmaktadır.

Ehli Hakk'tan olanların, topluca yapılan ve "her müşkülün halle kavuşacağı" cem ayinlerine çok önem verdiklerini, belirli zamanlarda toplantılar yapıldığım ve bu toplantılarda saz çalıp kelamlar okunduğu söylemektedir.

Ayrıca tenasüh'a inanma, kışın tutulan üç günlük oruç, Ali'nin tanrılaştırılması gibi konularda görülen benzerliklerin yanı sıra Ehli Hakk inancının Azerbaycan'da da yaygın olduğunun bilinmesi Ehli Hakk'la öteki Şii-Bâtıni tarikatlar arasındaki etkilenmeyi göstermektedir. (15)

Yalnız, tıpkı Kalenderiler gibi Abdallar konusunda da Sünni yazarların verdikleri bilgiler özellikle XVI. Yüzyıl yazarlarının aşağılayıcı niteliktedir. Oysa XIII. Yüzyıl Anadolu'sun da garip görünüşleri, yadırgatıcı ahlak anlayışlarıyla yalnız Sünni değil, bağnaz mutasavvıfların da tepkisini çeken gezgin dervişlerin varlığı, kimi benzerlikler gösterse de, bütün derviş topluluklarını kötülemek gerektirmez.

Osmanlı dönemi resmi kayıtlarına dayanarak Anadolu'nun Türkleşmesinde ve İslamlaşmasında kolonizatör Türk dervişlerinin ve kurdukları zaviyelerin rolünü araştıran Prof. Dr. Ömer Lütfi Barkan bu konuda şunları söyler: "Onlar yenidünyaya, yani diğer bir Amerika'ya gelip yerleşen halk yığınları içinden yetişmiş mümessil şahsiyetlerdir ve bu itibarla onları son zamanın dilenci dervişlerinden dikkatle ayırmak lazım gelmektedir. "(16)

Daha sonra Ömer Lütfi Barkan bu düşüncesini açıklamak için şöyle söyler; "Bizim burada tetkik ettiğimiz dervişlerle XVI. asırda eski Osmanlı şairlerinin tasvir ettiği şekilde, çıplak gezen, esrar yiyen, kaşlarını, saç ve sakallarım tıraş eden, vücutlarında yanık yerler ve dövme Zülfikar resimleri ve ellerinde musiki aletleriyle dolaşan serseri dervişler arasında büyük bir fark mevcut bulunması lazım gelir.

Prof. Fuad Köprülü, Türk Halk Edebiyatı Ansiklopedisi'nde yazdığı Abdal maddesinde; XIV. asırdan beri Türkiye'de yaşayan Abdal lakaplı şeyhler ile Abdallar yahut Işıklar adı verilen derviş zümreleri hakkında izahat verirken, onları birtakım gezginci derviş zümreleri gibi tasvir etmiştir. Bu izahata göre onlar ayin ve erkan itibariyle olduğu gibi akideleri bakımından da müfrit Şii ve Alevi heteredoks bir zümre idi. Diğer serseri derviş zümreleri gibi evlenmeyerek bekâr kalırlar ve şehir ve kasabalardan ziyade köylerde kendilerine mahsus zaviyelerde yaşarlardı. Bunların arasında bilhassa daha fazla Kalenderiye tarikatından müessir olanların dünya alakalarından tamamen uzak olmak, geleceği düşünmemek, tecerrüt, fakr, dinlenme ve melâmet başlıca şiarlarıdır. Bununla beraber, bütün Rum Abdallarının her zaman ve her yerde dilencilerden, serseri ve Çingene dervişlerden ibaret olduğunu farz etmek doğru değildir.

Esasen Prof. Fuad Köprülü de bütün abdalların aynı şekilde yaşamadığını ve bazı Abdal zümrelerinin, mücerred kalmak prensibinden ayrılarak, sair Kızılbaş zümreleri kabilinden bir secte halinde, Türkiye'nin muhtelif şahlarında köyler kurup yerleşmiş olmaları ihtimalim kaydediyor. Aynı suretle Prof. Fuat Köprülü, İran Türk aşiretleri ve Hazar ötesindeki Türkmenler arasında Abdal adını taşıyan Türk oymaklarına tesadüf edilmesini ve Eftalif lerin daha asırlarca evvel abdal adım taşımış olmalarını da tetkike şayan görerek hatırlatmıştır. Bu vaziyette "Abdal" sözünün bir tasavvuf terimi olmadan evvel bir aşiret veya zümre ismi halinde bulunup bulunmadığı ve bu nam altındaki bütün dervişlerin Orta Asya'dan gelmiş Abdal aşiretlerinin mümessil birer aşiret evliyası olup olmadığı meselesi tetkike muhtaç gözükmektedir.

Serseri derviş zümrelerinin bazı parçalarının toprağa yerleşerek köyler vücuda getirecek yerde, köyler vücuda getirecek şekilde toprağa yerleşmekte olan göçebe aşiretlerin birtakım derviş zümreleri meydana getirmeleri daha muhtemeldir.

Esasen Prof. Köprülü de, bu Abdalların kendilerini Horasandan gelmiş göstermelerini, eski Oğuz rivayetlerinin aralarında hala yaşamasını, bunların etnik menşelerinin yani Türklüklerinin tespiti bakımından çok mühim addetmekte ve abdalları Türklüklerinden en ufak bir şüphe bile caiz olmayan ev eski Türk Şamanizm'inin izlerim hala saklayan Anadolu Alevi Türklerinden ayırmaya imkân görmemektedir. Şu halde, abdalların dilencilerden ve Çingenelerden ibaret olacağına, tıpkı bu Alevi Türk gibi, kısmen göçebe olmakla beraber, kısmen de eski toprağa bağlanmış ve ekincilik hayatına geçmiş Türk oymaklarından çıkmış olmaları lazım gelmez mi?

Köprülü›nün sözünü ettiği bu Abdallarla Osmanlı dönemi Anadolu›nun çeşitli bölgelerinde yaşadığını öğrendiğimiz Abdal, Abdallar, Abdallı, Abdal Oğlanları, Abdaloğlu gibi adlar taşıyan toplulukları birbirine karıştırmamalıdır. Gerçi sınırlı bir nüfusa sahip bu topluluklar da Alevi olup "Türkmen Taifesindendirler"; ama Bayatlar, Avşarlar Çepniler gibi Anadolu'nun Türkleşmesinde etkin bir rol oynayamadılar. Yine bu küçük topluluklarla Anadolu Çingeneleri arasında kurulan ilişki de pek az doğru görünmemektedir. Çünkü Kuzey Hindistan'dan IX. yüzyılda göçtükleri sanılan Çingenelerin bir kolunun Ermenistan üzerinden Rusya'ya ya da Boğazlardan güneydoğu Avrupa'ya; bir kolunun da Suriye, Filistin, Mısır, Kuzey Avrupa üzerinden İspanya ve Avrupa'ya yayıldığı bilinmektedir. Hemen görülebildiği gibi iki kol için de Anadolu bir geçiş yeridir. Bu nedenle Türkiye›deki Çingeneleri, bu büyük göçün Anadolu'daki kalıntıları olarak görmek ve Abdallardan ayırmak daha akla yakındır. Ayrıca halk arasında Abdal sözcüğünün Çingeneler için de kullanılması dilenci dervişlerle onlar arasında kurulan benzerlikten ötürüdür. Bizim burada üzerine durduğumuz Abdalların ise ne sözü edilen büyük Türkmen Aşiretleriyle ne de Çingenelerle ilgisi vardır onlar apayrı bir Türkmen koludur. (17)

Burada önemli olan nokta Abdallar denilen derviş topluluklarının Alevi Türk Oymaklarından çıkmış olabilecekleri varsayımıdır. Çünkü bir bakıma Anadolu›daki Türk kökenli dervişlerin ‹Rum› Abdalları adıyla anılmaları bu varsayımı doğrulayıcı niteliktedir. Daha önce açıklandığı gibi Abdal ya da Abdallar sözcüğü belli bir derviş topluluğunun adıdır ve bu ad ulusal kimliği değil dinsel kimliği vurgulamaktadır. Kalenderilerin kendilerini "Taife-i Abdalan" (Abdallar Taifesi) diye nitelemelerinin nedeni de buyur, Oysa Rum Abdalları denildiğinde coğrafi niteleme ulusal kimliği de belirtmektedir. Nitekim anlaşıldığı kadarıyla çeşitli Türkmen topluluklarından olan ve değişik tarikatlara bağlı XIII. yüzyıl Abdalları, en etkili derviş topluluklarım oluşturmuşlardır; ulusal kimlikleri ve onları dilenci dervişlerden ayıran özellikleri dolayısıyla XIV. yüzyılda Rum Abdalları adıyla anılmışlardır.

Şöyle açıklanabilir bu: Daha IX. yüzyılda yaygın olduğunu bildiğimiz bu sözcük tasavvufla, halkça bilinmeyen Ricalü›l Gayb adı verilen ermişlerin bir bölüğü için kullanılmıştır. Yaptıklarıyla dünya işlerine yöne verdiklerine inanılan bu ermişler güçlerine göre çeşitli sınıflara ayrılmışlardır. Bunlar Kutb, îmaman, Evtad, Efrad, Abdal, Nuceba, Nukaba vd. 'dir. Abdal'ın görevleri arasında düşkünlere yardım etmek, savaşı kazandırmak, yağmur yağdırmak, afetleri uzaklaştırmak gibileri sayılabilir. Ayrıca çeşitli hadislere dayanılarak Abdalların sayısının 7, 12, 40, 70 olduğu yolunda değişik düşünceler öne sürülmüşse de genelde 40 sayısı üzerinde birleşilmiş; 40 Abdal'dan biri ölünce yerine başkasının geçtiğine inanılmıştır.

Abdallar üzerine verdiğim bu kısa bilgi, Abdal sözcüğünün Türklerce neden kolayca benimsendiğini ve Abdal adıyla anılan kişilerin Türkler arasında niçin saygı gördüğünü açıklamaktadır. Çünkü bir bakıma anılan görevleriyle Abdallar, onlara, doğaüstü güçler taşıdığına inanılan Şamanları anımsatmaktadır. Ölümünde ruhunun başkasına geçtiğine inanılan Şamanları. . .

Türklerin kam dediği Şamanlık sanatının öğrenmekle elde edilemeyeceği belirten Abdülkadir İnan bu konuda şunları söylemektedir: «Kam olmak için belli başlı bir Kamın neslinden olmak gerektir. Hiçbir kimse Kam olmak istemez. Fakat geçmiş Kam-atalarm ruhundan biri Kam olacak torununa musallat olur; onu Kam olmağa zorlar. " (18)

Örnekse Baba İlyas üzerine bildiklerimiz, onun Şaman kimliğiyle Abdal kimliğim birleştirmiş bir Türkmen Babası olduğunu göstermektedir. Yine Örnekse, kaynaklarda Anadolu'da fethinde önemli rol oynadıkları belirtilen "tahta kılıçlı dervişler" de Samanlık geleneğini sündüren Abdallardır. "Tahta kılıç" Şaman'ın kullandığı eşyalardan biridir çünkü. « Şaman bu kılçla kötü ruhlara karşı savaşır.» (19)

Ahmed Yesevi'nin de bir tahta kılıcı vardır. Bu tahta kılıcı "getirip tekbir edip Sultan Hacı Bektaş Veiiyyü'l Horasani'nin beline" kuşatır ve onu Anadolu'ya gönderir.

Sonuç olarak, daha Anadolu'ya gelmeden Şii-Batmi etkilerle oldukça esnek bir İslamlık anlayışına sahip Türkmen toplulukları, Anadolu'ya çeşitli tarikatlara bağlı dervişleri kolayca benimsediler. Bu garip kılıklı dervişler (20) ona kendi diliyle sesleniyor, kendi kültürünün yeni bir birleşimini sunuyorlardı. İşte Anadolu'da Alevilik bu koşullarda gelişti.

YEDİNCİ BÖLÜM

Şeyh Bedrettin ve
Ortakların Eşit Bir Dünya Düşü

Vakanivüslerin dilinden dinlenilen tarih tek olarak kabul edildiğinde varolan gidişe itiraz etmek anlamını yitirir. Bir itiraz ortaya çıksa bile bunun tarihsel, sosyal, ekonomik temeli oluşturulamayacağından farazi olmaktan öteye geçemez. Niyetimiz, resmi tarihin dilinden anlatılan hikayeye bir de diğer tarafından bakmaktır. Yaşadığımız topraklarda yaşanılan hayatları, onları yok edenlerin dilinden değil, yok olanların, inançları uğruna ölen, öldürülenlerin dilinden bir kez daha okuyalım istedik. Her türden statüko, kendi bekasını korumak adına savaşlar vermiş, yakmış, yıkmıştır. Osmanlı İmparatorluğu'nun 600 yıllık tarihi içerisinde meydana gelen olayların tümü, şan, şeref ve kahramanlık hikayelerinden ibaret değil. İran'la yapıldığı anlatılan fakat Şah İsmail önderliğindeki Safevilerin kıyımından başka bir şey olmayan Çaldıran Savaşından, Ankara Ahilerine, Şey Bedreddin'e kadar uzanan ve sonrasında da bu şekilde devam eden süreç içerisinde gerçekleşen olaylar, esasen Osmanlı'nın sınıf savaşımlarını, ulusal kurtuluş hareketlerini içeren bir konjonktürü anlatır. Bu olaylar dizisi kendi gerçekliği içerisinde ele alınıp incelenmediğinde, bu gün sağlam temeller üzerine kurulamaz.

ŞEYH BEDREDDİN 1359-1420

Edirne'nin Simavna bucağında kadılık yapan İsrail ve Melek Hatunun oğlu olarak dünyaya gelen Bedreddin ilk eğitimini kadı olan babasından almıştır. Ardından Edirne de medrese öğrenimi görmüş, fıkıh, hadis, kelam, belagat, sarf-navih tefsir öğrenmiş, Sünni inanç sistemine uygun bir eğitimle yetişmiştir. Bu noktada Bedreddin'in soyunun nereden geldiğine bakmakta fayda var. Fakat Şeyh Bedreddin hakkındaki sınırlı kaynaklar göz önünde bulundurulduğunda –ki Şeyh hakkında bilgi sunan kaynakların hemen hepsi Osmanlıcıların elinden çıkmış olmakla birlikte Şeyh'in soyu hakkında bilgi vermekten uzak kalıyorlar– bunun ne kadar zor bir iş olduğu ortadadır. Biz bu konuda Dr. Hikmet KIVILCIMLI'ya başvuruyoruz "Simavna Kadısı İsrâil'in oğlu" diye ün alan Şeyḥ Bedrettin Mahmut Rûmî üzerine, 1939 yılına dek, Cumhuriyet Türkiyesi'nde Türkçe bir tek bilim eseri yayınlanmıştı. Onda Şeyhin yalnız İsrail adlı babasından konu açılır. Kimi "Terâcüm" yazarları Şeyhin dedesinin Abdülaziz olduğunu bildiriyorlardı... Değerli düşünürümüz Bay Bezmi Nusret Kaygusuz...Şeyhin açık şeceresini koydu. Ona göre : "Mevzuât'i Ülûm" da Şeyh, Selçuk Sultanı Alâeddinin kardeşi oğlu, dedeleri Selçuk vezirleridir..."Kısası Enbiya" da Şeyh, "Alâeddin'in amcası oğludur: "Şakaayık'ı Nûmâniye" ve "Lûgat'ı Tarihiyye ve Coğrafiyye"de Bedreddin, Sultan Alâeddin'in öz yeğenidir. "Hayrullah Efendi" Tarihi ile "Vâridât" önsözünde, Şeyh Feramürz oğlu III Alâeddin oğlu Abdülaziz oğlu İsrail'in oğludur...Herkesten daha yetkili olarak Menâkıb şunu anlatır :

Nesi idi Sultan Alâiddine bil
Şüphe yoktur bu söze ey zinde dil
"Şâh Alâeddin nesliydi özü. . ."( )

Aslında böylece Şeyhin Selçuklu Hanedan soyundan geldiği ve onun soyu hakkında Osmanlı kaynaklarının niçin bir suskunluk gösterdiği de daha iyi anlaşılmış oluyor. Halkın gözünde zındık, sapkın gibi gösterilmek istenen bir kimsenin Selçuklu Hanedan soyundan geldiğinin gizlenmesi elbette ki gerekli idi.

Dr. Hikmet KIVILCIMLI'nın baş kaynağı olan ve Şeyh Bedreddin'in torunu Molla Hafız Halil tarafından yazılan Menakıb bize Osmanlının kuruluş sürecinde Şeyhin atalarının oynadığı rolü bütün açıklığıyla göstermektedir. "...Adil oğlu Oruç'un yazdığı "Tevârih'i Al'i Osman'a göre, Osman henüz adsız binlerce gaaziden biri iken, yeğeni Aktimur ile Selçuk Sultanı Alâeddinden (şeyhin dedesinin kardeşinden) silâh yardımı alarak Karahisarı ele geçirdi. Bunun üzerine Alâeddin, veziri Abdülazizle (şeyhin dedesi ile) Osman Gaazi'ye : "Mısır hükûmdarlarından gelmiş Hz. Peygamberin ak sancağı ile tuğ ve alem ve değerli başka hediyeler gönderdi.

Osman Gaazi:

Gönder üzerindeki hilâli çıkartıp, büyük bir saygı ile otağı üzerine koydurdu. "... Demek Osman Gaazi'nin tarihe ilk girişi, Şeyhgilin eliyle olmuştur... Abdülâziz "Fiy sebil'il -lâh" (Tanrı yolunda) elde kılıç o kapıdan er meydanına ilk çıkan olurdu. Savaşta uğuru denenmişti. Beyoğulları (şehzadeler) Abdülâziz'siz kavgaya girmezlerdi. Yiğitliği yazılmakla tükenmezdi : "Önüne düşerler idi Gaaziler - Konsa dolardı oyalar, yazılar - Her gazâda bile olsa idi ol-Cümleye nusratla hak açardı yol" yüzyılı aşan tecrübesiyle hep ileriyi görürdü. Her dediğinin çıktığı denenmişti: "Bir sözü söylerdi ol günde ayân - Ertesi vaaki olurdu ol heman"2

Altay, oymak öğütlerinden beri, Osmanlı yiğitlik geleneğinde: Üçler, Yediler, Kırklar vardır. Abdülâziz tayfası YEDİLERdendi... Yeryüzüne ışık saçan bu yedi yıldızın başı Abdülazizden sonra, iki kardeşi gelir; biri Abdulmumin. Yürekli çeridir; Abdülâzizin bilgin oğlu (Şeyhin babası) İsrail dir. . . Şeyhgilden tarih denizinin yüzeyine çıkan beşinci baş :Abdülâziz'in kızkardeşi oğlu Tülbentli İlyas'tır...En sonra gelmekle birlikte, adlarını güçleriyle Osmanlı tarihine sokmuş olan Şeyhgilin iki Türk şövalyesi: Hacı İlbeyi ile Gaazi Ece'dir. Bunlar Abdülâziz'in kızkardeşi kızının oğullarıdırlar. Babaları, hiç de Selçuk hanedanından gelmiyordu Menâkıb'da yalan...

Osmanlının Rumeliye geçişi, doğrudan doğruya Şeyhgil "Yediler" inin eseridir. . . Osmanlının Rumeliye geçişinde Şeyhgil'in oynadığı önemli rolü, resmî tarih de gizleyemez. Cihannümâ daha çok ayrıntılar verir: Süleyman Beşe ilkin Ece Bey ve Gaazi Fazıl'la sözleşir. Bu adamlar Virancahisar denilen yerde Güğercinliğin aşağısından Çinihisar yanlarına geçerler. Orada canlı bir esir yakalarlar. Öldürmek şöyle dursun, esire "Hil'at" giydirirler. Gönlünü alarak, Hisar'a girilecek yeri öğrenirler. Onun üzerine, 80 kişi toplanıp, sallarla karşıya atlarlar. Hisar'ı ele geçirirler. Burada adı geçen Fâzıl bey Şeyhin amcası, Gaazi Ece halasının torunudur. (Kâtip Çelebi : Cihannümâ, Elyazması, No. 170, s. 682. Köprülü Meh. Pş. Kütüphane.)"

Görüldüğü gibi, Şeyh Bedreddin Osmanlının kuruluşunda aktif ve mühim rol almış bir aileden ve Selçuklu hanedan soyundan gelmiştir.

Babasından aldığı ilk eğitimin ardından o dönemin en ileri eğitimi olan medrese eğitimini tamamlamıştır bunu kendisine yeterli bulmayan

Bedreddin yirmi yaşlarında Edirne'den ayrılarak Bursa'ya gitmeye karar verir. Amcaoğlu Müeyyed ve arkadaşı Musa Kadızade ile birlikte Bursa'ya gelirler. Musa Kadızade'nin dedesi olan Bursa Kadısı Mahmut Hoca Efendinin öğrencisi olarak Kaplıca Medresesine yerleşirler. Bursa Osmanlı'nın ilk başkenti olması itibariyle çağın görkemli şehirlerindendi ve kültürel olarak da çok zengindi farklı dinlere mensup kişilere burada bolca rastlamak ve onlarla tartışmak mümkündü. Sokaklarda, avlularda sürekli birbiriyle dinsel konuları tartışan farklı dinlere mensup insanları görmek mümkündü. Gene bir tartışmanın ardından Bedreddin ve arkadaşları Georgios Hemistas isimli bir Rum'la tanışırlar Hemistas Yunan filozofu Platonu kendisine kılavuz edinmiş bir gençti kısa süre içerisinde yakın arkadaş olan Hemistas Bedreddin Müeyyed ve Musa her gün çeşitli konularda tartışmaya ve bursa sokaklarını birlikte dolaşmaya başlarlar. Hemistas inançların akla yatkın olması ve mantığa uyması gerektiğine inanmakta kendisini bu yolda eğitmek için bir hoca aramaktadır ve aradığı hocayı burada Bursa da bulmuştur. Hemistas'ın Hocası Elisayos'du. Bedreddin ve arkadaşları hep birlikte Elisayos'un yanına gittiler ve Elisayos yıllar sonra Bedreddin'in de inanacağı fakat o gün için kendisine çok çılgınca gelen fikirlerini onlara anlattı. Ona göre çoktanrılı dinler ve putperestlik bir kenara konulduğunda geriye kalan tektanrılı dinler arasında içerik anlamda en ufak bir farklılık, bir ayrılık noktası bulunmamaktaydı. Bu dinleri birbirinden ayıran noktalar ibadet şekli dini törenler vb. tamamen biçimsel noktalardı. Bedreddin Elisayos'la tanıştıktan kısa bir süre sonra Elisayos tutuklandı ve Musa Kadızade'nin dedesini devreye sokarak onu kurtarma girişimlerinin de sonuç vermemesi üzerine yakılarak öldürüldü. Bunun üzerine Hemistas ve en onun kadar samimi oldukları arkadaşı Dimos birlikte Bursa'yı terk ettiler. Bütün bu yaşananların ardından Bedreddin, Müeyyed ve Musa da Mahmut Hoca Efendinin huzuruna çıkarak ondan izin istediler ve onun yönlendirmesiyle Bursa'dan bir kervana katılarak Konya'ya Mevlana Feyzullah'ın öğrencisi olmak üzere yola koyuldular.

Mevlana Feyzullah Hurufiliğe yakın inançlara sahip gökbilimlerinde ve önbilicilikte isim yapmış bir kişiydi ama esas olarak o sıkı bir matematikçiydi evrende genelden özele her durumun matematik bir bağlantısı olduğuna inanmakta ve yaptığı hesaplar ve tablolarla bu bağlantıları ortaya çıkarmaya uğraşmaktaydı. Bedreddin ve Musa burada yıldız bilimleri ve hesaplamalarda gösterdikleri başarılar sayesinde yeşil kaftan kazanmışlardı. Fakat onlar Konya'ya geldikten bir kaç ay sonra Hocaları Mevlana Feyzullah öldü.

Mevlana Feyzullah'ın ölümünün ardından Bedreddin ve Müeyyed Konya'dan Halep'e oradan da Şam'a gitmek üzere yola çıktılar Musa ise gökbilimlerinde ilerlemiş ve Horasan Hükümdarı Şahruh'tan sarayında gökbilimci olarak görev alması için bir çağrı almış ve bunu kabul ederek Horasan'a gitmek üzere hareket etmişti. Bedreddin'le ayrılmaları tartışmalı oldu Bedreddin kendi adına ne olursa olsun Batıya Şam'a doğru gitmek istiyordu çünkü o dönem bilim alanının en ileri isimleri ve okulları orada toplanmış durumdaydı aynı zamanda Bedreddin asıl olanın insan olduğuna ve yıldızların aralarındaki ilişkileri değil insanların aralarındaki ilişkileri bilmenin daha doğru, faydalı, ilerletici olduğuna hatta gökbilimin ilerlemesinin bile bununla bağlantılı olduğuna inanıyordu.

Bedreddin Şam'a yaklaştığında kentte veba salgını vardı ve karantina altına alınmıştı. Şam'a girenlerin tekrar dışarı çıkmasına izin verilmiyordu bunun üzerine küçük bir kervanla birlikte Bedreddin ve Müeyyed Kudüs'e gitmeye karar verdiler. Kudüs'te El-Aksa Camisinin konuk evinde bir hücreye yerleştiler ve ardından kenti tanımak için geziler yapmaya başladılar bu arada kendilerine bir hoca bulmuşlardı, bu hoca ünlü hadis ve fıkıh bilgini İbni Hacerül Eskalani'ydi ve onun hadis kitabı olan Sahiheyn'i okumaya başladılar bir yandan derslerine diğer yandan Kudüs'ü gezmeye devam ediyorlardı fakat bütün bu geziler ve özellikle Müeyyedin eğlenceye yönelmesi paralarının bitmesine yol açmış ve kaldıkları hücrenin kirasını ödeyemeyecek duruma düşmelerine neden olmuştu. Tam da böylesi bir dönemde dostlarından Bedreddin'in ismini övgüyle duyan bir tüccar Ali Keşmiri Bedreddin ve Müeyyed'i evine davet eder Ali Keşmiri'nin evinde onun zengin kütüphanesinden faydalanmaya ve başka yerlerde bulunması çok güç olan kitapları bu tüccarın evinde okumaya başlarlar. Fakat Ali Keşmiri'nin evinde ancak bir süre kalabilirlerdi çünkü onlar bitmek tükenmek bilmez bir öğrenme isteği içerisindeydiler ve nasıl bu güne kadar artık daha fazla öğrenecekleri şey kalmadığına inandıkları yerde durmayıp oradan ayrıldılarsa, Ali Keşmiri'nin evinden de ayrılma vakti artık gelmişti. Kendisine niyetlerini açıkladılar ve Kahire'ye gitmek istediklerini söylediler bunun üzerine tüccar kendisinin de Kahire'ye gideceğini, bunun için bir kervan hazırlamakta olduğunu ve eğer onlar içinde uygun olursa kısa bir süre daha kalıp Kahire'ye kendisiyle gitmelerini önerdi. Maddi imkanları zaten çok kısıtlı olduğundan bu öneriyi kabul ettiler ve kısa bir süre sonra Ali Keşmiri'yle birlikte Kahire'ye doğru yola çıktılar.

Bedreddin bilimin ve inancın merkezi Kahire'de tam 15 yıl kaldı. Buradaki ilk öğretmeni Müberakşah oldu ve ardından gelen bu 15 yıl içerisinde bütün dünyaca ünlü kütüphanelerde, çok zengin ev kitaplıklarında ve tüm bilim ve inanç aleminde inanç yapmış kişilerle çalışma, öğrenme imkanı buldu. Bu sırada Kahire Sultanı Berkük'un oğlu Ferec'in özel öğretmeni olmuştu. Bedreddin'in tek öğrencisi Ferec değildi onun ünü gün geçtikçe artıyor ve ismi daha fazla insan tarafından biliniyordu. Kendilerini İslam bilimleri alanında geliştirmek isteyen bir sürü genç ona gelmiş ve onun öğrencisi olmuştu. Saray ulemasından farklı olarak Bedreddin saraya tam bağımlı değildi, istediği zaman saraydan çıkıyor ve halkın arasına karışıyordu, sarayda bulunduğu zamanlarda da resmi törenler dışında asla saray elbiseleri giymezdi. Sık sık dışarı çıkıp dostu, yoldaşı Müeyyed'in yanına Şeyhuniye Medresesi'ne giderdi.

O dönem Sultanlar ulema takımına büyük saygı gösterirlerdi, bir Sultan'ın ulemasında ne kadar ünlü bilginler bulunuyorsa o sultan kendisini o kadar yüce hissederdi ve o dönemlerde sultanlar ulema arasında tartışmalar düzenler, kendileri de bunları bizzat izlerlerdi. İşte Sultan Berkük'un niyeti de oğlunun eğitimini üstlenen Bedreddin ile kendi öğretmeni olan Hüseyin Ahlati'yi bir araya getirerek aralarındaki tartışmayı izlemekti, bunun için birkaç girişimde bulunmuş fakat Bedreddin her seferinde bir şekilde bunu ertelemeyi başarmıştı. Fakat Berkük oğlu Ferec'in onuncu yaş gününde böyle bir araya gelişi ayarlayınca Bedreddin'in öne sürecek hiçbir mazereti kalmamıştı.

Sarayda Kahire'deki ilk öğretmeni Müberakşah'ın da aralarında bulunduğu dönemin en ünlü bilginlerinden İbni Haldun'dan, Celaleddin Hızır'a kadar bir çok alim hazır bulunuyordu ve tabi ki Hüseyin Ahlati de oradaydı. Aralarından en genci Bedreddin'di. Bedreddin İbni Haldun'la uzun süredir tanışmak, konuşmak istiyordu onun baş yapıtı sayılan Mukaddime'yi okumuş ve hayran olmuştu. İbni Haldun'un tarihte nedensellik konusu bu kitabını almış ve bunu İslam Hukuku, insan ilişkileri alanına oturtmaya çalışmıştı. İbni Haldun insan topluluklarındaki farklılıkların Tanrıdan gelen bir özellik değil onların yaşadıkları coğrafyanın, o bölgenin iklimi, bitki örtüsü, toplumsal yaşayış biçimi inançları vb etkenler tarafından belirlendiğini söylüyordu.

Tartışma bilgiyi edinme ve tanrıya yaklaşma üzerineydi. Bir kısım bilgin bilginin mantık (akıl)yoluyla diğer bir kısım bilgin ise aşk (gönül) yoluyla edinilebileceğini söylüyorlardı Bedreddin tanrıya akıl yoluyla varılacağını gerçek aşkın aklın bir ürünü olarak ortaya çıkacağını düşünenlerdendi. Şeyh Hüseyin Ahlati ise duygularla, aşkla tanrıya ulaşmaya çalışan bir dervişti. Bu tartışma sırasında Bedreddin ve Şeyh Ahlati'nin arasında bir diyalog oluştu. Şeyh Ahlati Bedreddin'e:

"...- Siz bilginin yalnızca mantık yolu ile elde edilebileceğine inanırsınız. En azından duyguyla elde edilemeyeceğine, hele hele esrik duygularla...

-Çok doğru. Bildiğim kadarıyla duygu düşünmeyi engeller. Esrime ise insanı bu olanaktan büsbütün yoksun bırakır.

-Bu duyguların mı size, yoksa sizin mi duygularınıza yön verdiğinize bağlıdır.

-Eğer duygulara yön veriliyorsa bu yine irade ve mantık sayesindedir. hem duygularımızı bastırmak, onlara yön vermek için harcayacağımız zamanı, bilgimizi çoğaltmak için harcasak daha doğru olmaz mı?

-Bizim yolumuz harcama ve bastırma yolu değil, çoğaltma ve geliştirme yoludur. Ama duygulara rağmen değil, duygularla, hatta en esrik duygularla, kızıp köpürmelerle, gözünü duman bürümelerle...

-Öfke sarhoşluğa benzer insan öfkeliyken kendinde değildir. Kendini yönetemez durumdadır, yitirmiştir kendini...

-Biz işte hedefe tam böyle ulaşılacağını düşünüyoruz: kendinden geçerken kendini yitirmemek ama kendine yeniden kavuşmak, kendini yeniden bulmak. Hakikate yalnızca akılla değil, tüm varlığımızla, benliğimizle ulaşmak.

-Bense bu güne dek hakikate ulaşma yolunu bilimin yolu olarak gördüm; duyguların, kızıp köpürmelerin yolu değil...

-Saygıdeğer fakih Bedreddin Mahmut, izniniz olursa size bir şey sormak istiyorum: aklınız herhangi bir sorunun çözümüyle meşgulken, uyku uyumayı ya da yemek yemeyi hiç unuttuğunuz olmaz mı sizin?

-Olmaz olur mu Şeyhim! Hatta arkadaşım Müeyyed bu yüzden "insan aç karnına ne bir sorunu çözebilir, ne de herhangi bir şeye akıl erdirebilir" diyerek sürekli sitem eder bana.

-Peki karnınızı doyurduğunuz zaman, düşüncelerinizdeki devingenliğin yavaşladığını hiç fark etmediniz mi?

-Fark ettim, Şeyhim.

-Herhalde tam açıklayamadım: bizim hakikati kavrama yolumuz aklı yadsımaz. Tam tersine biz aklı temel olarak alırız. Ondan uzaklaşır gibi olmamız, kuşun, uçmak için yerden uzaklaşmasına benzer...

-...Aslında –dedi- sizin yolunuza büsbütün yabancı sayılmam ben. Bilimin o eşsiz hazinelerinden bizimde üç beş şey edinmişliğimiz vardır. Örneğin, bedenin daha çok çalışan organının öteki organlardan daha çok kana gereksinim duyduğunu biliyorum. Dolu midenin, kafanın çalışmasını azaltması da bundandır. Ama bütün öğrendiğim bunlar değil elbette! Sizin yolunuzda ben asıl, saygıdeğer Kadı Hazretleri ve Veliahtın sevgili öğretmeni, sizin yolunuzda ben asıl, sizin kolayca ulaştığınız yücelere bu yoldan giderek kendimin ulaşamayacağımı anladım...

-...Aman Şeyh Hazretleri, neler söylüyorsunuz!

-Yalnızca gerçeği söylüyorum... Bunun üzerine eski yoluma döndüm. Hakikati bulmanın yolu sizin için kuşku, bizim içinse inanç... Sizi harekete getiren güç yarar, bizi harekete getiren güçse aşk...

-İnsanlara yarar sağlama arzusunu onlara duyulan aşktan ayırmak mümkün müdür?

-Bu, aşktan ne anladığınıza bağlıdır. Örneğin siz bizim oruçlarımızı, geceyi uyumadan geçirmelerimizi ve bu türden ağır bedensel uygulamalarımızı zararlı, insanlık dışı, en azından yararsız buluyorsunuz. Oysa, bunlar sizin kuşku mantığınızın da, yarar sevginizin de asla sağlayamayacağı bir şeyi sağlar: Aklı ve ruhu azad eder, hür kılar, erkin eyler. Kısacası, saygıdeğer fakih, biz, sizin zaman zaman uyku uyumayı ve yemek yemeyi bir yana bırakarak bilinçsizce yaptığınızı, bilinçli olarak yapıyoruz. Bu işi bir kez anlayıp, bir kez bu yolun yolcusu oldunuzmu, gayri geri dönüşü yoktur...

-Bende bu yolun yolcusu olmak ve sizin ardınız sıra yürümek isterdim, Şeyhim.

-Sizin yoldaşınız olmak erişmeyi düşleyebileceğim en yüce şeydir, saygıdeğer fakih. Yoluma döndükten sonra Hallac-ı Mansur'un 500 yıl önce kendinden geçerek Enel Hak! Diye haykırışındaki anlamı kavrayıncaya dek epeyce duraklamam, konaklamam, nice bin güçlüğün üstesinden gelemem gerekti. Vecd içinde onun o coşkulu yolundan yürüdükçe gördüm ki, ben dünya olmuşum, dünya da ben olmuş. Ben gayrı bileceğimi bildim, anlayacağımı anladım diye düşünmeye başladım. Ama şimdi görüyorum ki, önmüde daha aşmam gereken çok uzun bir yol var... sizinle birlikte..."

Ve böylece Bedreddin ile Şeyh Hüseyin Ahlati arasındaki kader birliği başlamış oluyordu. O günden sonra Bedreddin zamanının büyük kısmını Şeyh Hüseyin Ahlatiyle geçirmeye başlamıştı. Kısa süre sonra Sultan Berük Bedreddin ve Şey Ahlati'nin sarayda olduğu bir günde hareminde bulunan kadınlardan, iki kardeşi, Meryem ve Cazibeyi onlara hediye etmişti. Sultanın verdiği bir hediye asla geri çevrilemezdi Bedreddin artık Cazibeyle evlenmişti. Cazibe ve Meryem sarayda yetişmiş, müzik, edebiyat, terzilik vb konularda iyi bir eğitim almış, kültürlü kadınlardı. Çok geçmeden Cazibe gebe kaldı ve onaltı yaşında ilk oğlunu doğurdu. Bebeğe İsmail ismini verdiler. Kısa süre içerisinde hayatı tepeden aşağı değişen Bedreddin Şeyhiyle birlikte yürüttüğü sohbetler sonucunda kendi hayatını, varlığının anlamını da sorgulamaya başlamıştı. Berkük'ün Sarayında iktidara hizmet ediyor ve yeni bir hükümdar yetiştirme görevini üstlenmiş olarak Berkük'ün oğlu, Ferec'in öğretmenliğini yapıyordu. İnsanlığın adaletli bir şekilde yaşamayı hak ettiğini düşünmeye başlamıştı, bir yandan İslam Hukuku alanında ilerlemiş ve bu alanda yirmiyi aşkın kitap yazmıştı. Artık İslam dünyasında Şeriat ilkeleri ve İslam Hukuku alanında tek isimdi fakat yasaların insanları eşitlemeleri insanları gerçekte eşit yapmıyor ve adaletsizliği ortadan kaldırmıyordu. Bütün bu iç sıkıntılarıyla boğuşurken ne yapacağına karar verdi, evden çıktı ve kayıplara karıştı. Günlerce saraya, evine, Müeyyed'in yada diğer bir tanışının yanına uğramadı. Onu merak edenler birbirlerinden onun hakkında haber almaya çalışıyorlar fakat kimse Bedreddin'in nerede olduğunu bilmiyordu. Şeyh Ahlati'nin tekkesine gittiklerinde Şeyh ile görüşemeyeceklerini, çünkü Şeyhin yeni müridi Bedreddin ile birlikte çileye girdiğini öğrendiler. Bedreddin bir gece evden çıkmış sokaklarda tek başına dolaşmıştı, sabahın ilk ışıklarıyla birlikte hamallar tutup bütün kitaplarını nehre atmış, üzerindeki saray elbiselerini çıkartarak bir derviş abası giymiş ve bütün malını mülkünü dağıttıktan sonra, doğruca Şeyh Ahlati'nin tekkesine giderek onun önünde diz çökmüş ve kendisini müritliğine kabul etmesini istemişti.

Dönemin en büyük İslam alimlerinden olan, hukuk alanında yazdığı kitaplar başucu kitapları sayılan ve dahası veliahttın öğretmeni olan Bedreddin birden bire bir tekkeye kapanmış ve bir Şeyhin müridi olmuştu. Bu durum İslam alemini şoka soktu.

Bedreddin'se yeni öğretmeni ile birlikte sürekli sohbetler ediyor ve onun yolunu öğrenmek için yanıp tutuşuyordu. Yeniden doğması gerektiğine inanıyor ve bunun için bedensel ve ruhsal acılar çekiyordu. Artık iyice zayıflamıştı. <sabır> aşamasına geldi, bu onun geçmesi gereken dört aşamanın ilkiydi "en kahredici acılara bile hiçbir hoşnutsuzluk belirtisi göstermeden katlanma niteliğinin kazanıldığı aşama" ardından <tevekkül> "yaşamın tek bir güne, hatta ana bağlandığı aşama", bunların ardından Bedreddin üçüncü durağına ulaştı <rıza> " kaderin vurduğu her darbeye yada sunduğu her başarıya, öfkelenmek yada sevinmek şurada dursun, öfkelenmenin yada sevinmenin akıldan bile geçirilme-yeceğini öğütleyen aşama" Bedreddin girdiği çilelerin her birinden, bedensel olarak daha da zayıflayarak çıkıyor, gün günden eriyordu. So-nunda Şeyhinden dördüncü aşama olan <erbain> izni çıkmıştı "erbain Arapça kırk demektir ve Hakikat yolu yolcularının son ağır sınavların-dan birini dile getirir. Hiçbir şey yemeden, hatta neredeyse su bile iç-meden, yapayalnız geçirilen kırk gün…"

Bedreddin bütün bu aşamalardan geçerken arkadaşı Müeyyed onun için çok endişeleniyordu. Ondaki bu değişim Müeyyedi korkutuyor, yoldaşını aylardır bir kez olsun görmemiş olmanın getirdiği ruh hali onu tedirginliğe sürüklüyordu. Ve böylece, Bedreddin'in öğrencileri ve arkadaşları toplanıp babasına haber vermeye karar verdiler, Bedred-din'i sağlığını da tehdit eder hale gelen bu durumdan çekip çıkaracak tek kişi babasıydı. Müeyyed derhal Edirne'ye doğru yola çıktı. Aynı zamanda Anadolu'da bir hareketlilik başlamıştı Timur Sivas'ı almış Ma-latya üstüne doğru yürüyordu. Müeyyed Edirne yakınlarında çocukluk arkadaşı Şahne Musa ile karşılaştı, Musa Kadı İsrail tarafından gidip oğlunu, Bedreddin'i Edirne'ye getirmesi için görevlendirilmişti. Bed-reddin Edirne'ye dönmeyi reddetti çünkü geçtiği aşamaların her birin-de sıfatlarından arınmıştı artık kadı oğlu, fakih, öğretmen, Müslüman Bedreddin gitgide küçülmüş, sönmüş insan Bedreddin güçlenip kuv-vetlenmeye başlamıştı ve doğumu yakındı. Ailesine selam ve saygılarını ileterek Musa'yı tüm yalvarışlarına rağmen yolculadı. Ardından kendi çilesine döndü. Girdiği son çile öyle uzun sürmüştü ki Bedreddin artık ölümün eşiğine gelmiş ve ciddi bir tedaviden geçmesi gerekmişti, aynı zamanda bu çile Şeyh Hüseyin Ahlati'nin de onun artık orada daha faz-la kalmasına gerek olmadığını anlamasına neden oldu.

Şeyh'i Bedreddin'i çağırdı ve ona hazırlıklarını yapmasını artık tekkede daha fazla ilerleme imkanının kalmadığını ve kendisini Tebriz'e gönde-receğini söyledi. Bedreddin hiç itiraz etmedi derhal hazırlandı ve Teb-riz'e doğru yola koyuldu.

Bu sırada Yıldırım Beyazıt ile Timur Leng arasında Ankara savaşı ya-pılmış ve Yıldırım Beyazıt ağır bir yenilgi almıştı. Sultan Beyazıt bu yenilgiyi kaldıramamış ve kendisini zehirleyerek intihar etmişti. İki oğlu Timur tarafından tutsak edilmiş, diğer iki oğlu ise canlarını zor kurtarmıştılar.

İşte Beyazıtı yenen Timur'un ordusu da, Bedreddin'in Tebrize gitmek için izlediği yolda ilerliyordu. Bedreddin önünden geçen ve savaş sırasında saf değiştirerek Timur'a katılan eski Osmanlı Beylerinin askerlerin nefretle bakıyordu. Ve sonunda dayamayıp onlara bağırmaya başladı. Bir anda ortalık karışmış ve Bedreddin kendisini korumakla görevli kervanın şaşkın bakışları arasında yaka paça götürülmüştü. Artık o da Timur'un tutsaklarından birisiydi.

Timur savaş sonrası ulemayı toplamış, onlara savaşan taraflardan kendilerinin de, Osmanlı'ların da Müslüman olduğunu ve bu durumda ölenlerden hangilerinin cennete hangilerinin cehenneme gideceklerini, kimin sevap ve kimin günahta olduğunu soruyordu. Ulemadan elbette Timur'un askerlerinin cennete gittiği ve kendisinin muzaffer olduğu için sevapta olduğu yönünde cevaplar gelmeye başlayınca kızdı ve ulemanın kendisine yağcılık yaptığından yakınmaya başladı. Bu sırada Bedreddin'in tutsaklar arasında olduğunu bilen bir bilgin, Timur'a bunu söyledi ve bu sorunun cevabının bir de ondan almasını istedi. Bedreddin'i getirdiler ve Bedreddin'in Timur'un sorusuna yanıtı şöyle oldu. "Savaşan tarafların her ikisi de günahkardır. Allah dünyayı insanların tümü için yaratmış ve onların kullanımına sunmuştur. Oysa siz toprak ve insan üzerinde hakimiyet için savaştınız, cennet ve cehennemden ne anladığınızı ve hangisine layık olduğunuzu ben bilemem fakat günahkar olduğunuz su götürmez." Timur karşısında bildiğinden şaşmayan bu bilgini sevmişti, O, diğerleri gibi kendisine yaranmaya çalışmıyor, doğru bildiği ne varsa söylüyor ve bunun arkasında duruyordu. O günden sonra Timur sık sık Bedreddin'i yanına çağırmaya ve onunla hukuk, adalet, bilim vb. konularda konuşmaya başlamıştı. Bu arada Bedreddin'e Şeyhi'nin hasta olduğu kendisini görmek istediği haberi geldi. Bedreddin artık ne yapsa orada durmazdı. Bir gece gene Timur'la sohbet ederlerken Timur kendisine kızlarından birisi ile evlenmesini, ve uzun süredir ihmal ettiği ülkesinin Şeyhülislamı olarak orada adaleti kurmasını söyledi. Bedreddin zor duruma düşmüştü, bir hükümdarın, hem de böylesi bir isteğini reddetmek ona hakaret anlamına gelirdi. Bedreddin kendisi gibi bir garip derviş'in bu büyük sorumluluğu taşıyamayacağını ve çok onur duymasına karşın bunu başarabileceğini düşünmediğini söyledi ve hemen arkasından çadırına çekilmek için izin istedi. O gece sessiz bir şekilde çadırından çıktı, artık Timur'un tutsağı değil konuğu olduğundan rahatça dolaşabiliyordu. Ve doğruca, arkasına bakmadan Kahire'nin yolunu tuttu.

Şeyh Hüseyin Ahlati'nin yanına vardığında onu hasta yatağında yatar halde buldu, fakat hastalık, yüzündeki o rahat ifadeye, insanın içini huzur dolduran o bakışlara bir şey yapamamıştı. Bedreddin Şeyhiyle hasret giderdi. Kısa süre sonra Şeyh hayata veda etti. Ölmeden önce Bedreddin'e sen benim halefim ve yaşadığın dönemin Hallaç'ısın öğütlerini verdi. Şeyh Hüseyin Ahlati'nin ölümünün ardından tekkesindeki öğrencilerin büyük bölümü Bedreddin'in Şeyhliğini kabul ettiler fakat aralarında Bedreddin'in aralarına sonradan katılmış olduğunu bu kadar kısa süreli bir birliktelikle Şeyh olunamayacağını iddia ederek Bedreddin'in Şeyhliğini tanımadıklarını açıkladılar. Hayatı boyunca hiçbir zaman iktidar hırsı içerisinde olmamış olan Bedreddin derhal kendisine inanan öğrencilerini de yanına alarak oradan ayrıldı ve Edirne yolunu tuttu.

Bedreddin Edirne'ye vardığında babasının yanına yerleşti ve öğrencileri ile birlikte bir Medrese kurmak istedi fakat bunu yapamadı. Bunun yerine Edirne medresesinde dersler vermeye başladı. Babası Edirne Medresesi'nin Başöğretmeniydi. Bedreddin bir yandan öğretmenlik yapıyor, bir yandan ise hukuk üzerine yani bir kitabı kaleme alıyordu. Anadolu'da bir iktidar kavgası yaşanmaktaydı. Beyazıt'ın oğulları ve bazı beyler birbirleriyle savaşıyor ve Anadolu topraklarının egemenliğini ele geçirmeye çalışıyorlardı. Halk perişan haldeydi. Savaş sadece insanların ölümüne değil aynı zamanda, sofradaki ekmeğin de küçülmesine sebep oluyordu.

Musa Çelebi diğer kardeşlerine ve beylere üstün gelmiş Edirne'de tahta oturarak saltanatını ilan etmişti. Fakat bu mutlak bir iktidar değildi, çünkü kardeşi Çelebi Mehmet Anadolu'da faaliyetlerini sürdürmekteydi.

Musa Çelebi tahta oturduğunda, büyük bir yeniden düzenleme kararı vermişti. Tüm görevleri yeniden düzenliyordu. Bedreddin'in adını daha önce duymuştu. Timur'un ordusu içerisinde bulunan dönek Osmanlı Beylerine bağırdığını, Timur'un karşısında da bunu savunduğunu biliyordu. Onunla tanışmak için Şeyh Bedreddin'in yanına gitti.

Kısa sürede Şeyh Bedreddinden çok etkilenen Musa Çelebi ondan Osmanlı Devleti'nin Kadıaskeri olmasını ve adaleti tesis etmesini istedi. Hayatının her döneminde böyle durumlardan ve mevkilerden uzak durmaya çalışan Şeyh Bedreddin, Musa Çelebi'nin bu teklifini kabul etti. Anadolu'da halk kırılıyordu devlet ve beyler kaybettikleri güçlerini kazanabilmek için vergileri inanılmaz boyutlara çıkarmışlardı. Bedreddin Kadıaskerlik görevini kabul ederken bir yandan bütün bunları düşünüyordu. Alıp yürümüş olan rüşvet, yolsuzluk vb. uygulamaları ortadan kaldıracaktı. Kadıasker olduğunda ilk işi ismi yolsuzluklara bulaşmış olan bütün kadıların işine son vermek oldu. Yerlerine kendi yetiştirdiği müritlerini atadı. Kısa zaman sonra Beylerden haberler gelir. Osmanlı Devletinde ilk defa kadılar Beyden değil Halktan yana karar verir olmuşlardır ve bu kabul edilemez bir durumdur. Fakat Bedreddin ne yaptığını biliyordu bundan asla taviz vermemeye kararlıydı.

Edirne de bulunduğu sıralarda hukuk üzerine düşüncelerini içeren kitabı "LETAİF-ÜL İŞARAT" ı yazdı bu kitabı Kahire, Semerkant, Bağdat gibi dönemin bilim merkezlerindeki gelişmelerden haberdar olmayan Osmanlı ulamasının ve acemi medrese öğrencilerinin anlamasına imkan yoktu, o yüzden Osmanlı'nın Kadıaskeri olduğunda bilgisiz rüşvetçi adil olmayan kişilerin yerine kendi iyi eğitim görmüş öğrencilerini geçirmeye başlamıştı ve bu öğrencilerin "letaif-ül işarat"ın içeriğini daha iyi ve tam kavrayabilmeleri için . "teshil" yani kolaylaştırma adını verdiği kitabını yazmaya başlamıştı. Bu kitabında letaif-ül işaratı yalınlaştıracak, herkesin anlayabileceği bir hale sokacaktır, fakat bunu tamamlayamadan her şey alt üst olmuş çelebi Mehmet Musa Çelebiyi alt edip iktidara gelmiştir. Ve Bedreddin artık İznik Yakup Çelebi Tekkesinde bir tür hapis hayatı yaşamaya başlamıştır.

"Teshil" (Kolaylaştırma) isimli kitabını bitirmiş ve Sultan Çelebi Mehmet'e göndermiştir. Kitabını değerlendirmesiyle birlikte Sultan'dan son bir Hac ziyareti yapmak için izin istemiştir. Bu aslında Bedreddin'in tutsaklıktan kurtulma ve hareketinin başına geçme çabasıdır. Fakat sultan Bedreddin'e Hac izni vermemiştir.

İznik'te tutsakken müritleri Torlak Kemal ve Börklüce Mustafa Aydın ve Karaburun da faaliyetlerine başlamışlar, halkı örgütleme çalışmalarına olanca hızlarıyla devam etmekteydiler. Sürekli olarak, gerek kendileri giderek, gerekse haberciler vasıtasıyla Şeyhleriyle Haberleşiyor ve onun talimatları doğrultusunda kuracakları yeni düzene yön veriyorlardı.

Bedreddin'i İznik'e süren sultan Çelebi Mehmet onun her hareketinin gözlenmesini ve kendisine bildirilmesini istemiş ve Bedreddin'e de 3 bin akçe aylık ulufe bağlamıştı.

Timur istilasından kaçarak batıya gelen aşiretler burada işsiz ve aç kalmışlardı, ciddi rakamları bulan sayıları itibariyle bir istihdam sorunu ortaya çıkıyordu.

Daha önce kendilerine vaat edilmiş olan toprak, iş ve yeni bir düzen gibi isteklerini çok daha aşan şeyleri Bedreddin'in onlara önerdiği düzenin içerisinde gören kitleler hiç itirazsız ve hatta tabir yerindeyse koşa koşa, Bedreddin hareketine katılmayı kabul etmekteydiler. Bedreddin onları dinsel bir etkilenmeyle değil, yaşanan dinlerin ötesine geçip yeryüzünde cennet yaratmak ifadesindeki gibi, insani anlamda ezilmeden yaşayabilecekleri bir düzen vaadiyle etkiliyordu fakat buradaki ayrılık noktası Bedreddin'in vaadinin gerçekleşmesi için bu vaat gerçekleştiğinde onu yaşayacak olanların savaşması gerekmekteydi. Hareket başladığı andan itibaren de ilk olarak beylere savaş açılmış mallarına el konulmuş tarlaların sınırları kaldırılarak ortaklaştırılmış kadınlara ayrı örgütlenme verilmiş ve bunun gibi bir çok özgürlük alanı yaratılıp hayat kolektif hale getirilmiştir.

Dede Sultan (Börklüce Mustafa) ve Kemal Hobdin (Hu Torlak Kemal) bulundukları yerlerde "Hakikat Davasını" halka anlatmaya ve onları bu dava uğruna birleşmeye çağırıyorlar, gün günden çoğalıyorlardı. Din, dil, millet ayrımı gözetmiyor, ezilen, yoksul, bütün köylüleri, esnafları yanlarına toplamak için gayret gösteriyorlardı. Neticede hareketlerinin içinde Rumlar, Hıristiyanlar, Müslümanlar, Yahudiler, türlü tarikatlardan ve daha farklı örgütlenmelerden (Ahiler vb) insanlar birikmeye başlamışlardı. Osmanlı bu durumu görmezden gelemezdi. Dede Sultan ve Torlak Kemal'i ortadan kaldırmak için Beylerini görevlendirdi. Hakikat Davasına gönül vermişlerin sayısı artık onbinlerle ifade ediliyordu. İlk olarak Dede Sultan İzmir Bey'ine karşı bir çarpışmaya girdi ve bu çarpışmadan Karaburun'u alarak çıktı. İzmir Beyi yenilmişti. Aynı dönemde Torlak Kemal de Manisa Beyi'ne karşı ayaklanmış ve bir zafer kazanmıştı. Bedreddin mülhitleri ele geçirdikleri topraklarda ilk iş olarak sınırları kaldırırlar. Artık tarlalar ortaktır, her iş birlikte görülmektedir. Para ortadan kaldırılmış ve yerine başka bir şey ikame edilmemiştir, özel mülkiyete son verilir. Artık her şey, herkesindir. Kadınlar ayrı bir örgütlenme kurarlar, kendi aralarında belirledikleri bir kadın "Bacılarbaşı" sıfatıyla yönetim içerisinde eşit söz ve karar hakkına sahip olarak bulunmaktadır.

Bedreddin İznik'te müritlerine yol gösterici olan "Varidat" adlı kitabını bitirir. Börklüce ve Torlağın zafer haberleri kendisine ulaşmaya başlamıştır, artık her ne olursa olsun İznik'te kalamayacağını, buradan çıkıp hareketin başında bulunmasının elzem duruma geldiğini görür ve bir gece yanındaki az sayıda müridi ile birlikte İznik'ten kaçar.

Osmanlı, Şehzade Murat ve baş vezir Beyazıt Paşa'nın yönetiminde büyük bir orduyu Dede Sultan ve Torlak Kemal üzerine sefere çıkarmıştır. Bu sırada Bedreddin Eflak üzerinden Rumeli'ne geçip, orada bir hareket yaratmayı planlamaktaydı. Osmanlı ordusu Karaburun dolaylarına geldiklerinde Dede Sultan yirmi binin üzerinde yoldaşıyla karşısına çıktı. Burada büyük bir savaş verildi. Savaşın sonunda Hakikat savaşçıları yenilmiş, Dede Sultan tutsak edilmişti. Ardından Torlak Kemal üzerine giden Osmanlı ordusu onu da aynı akıbete uğrattı. Tutsaklar şehir, şehir gezdirildiler. Halka teşhir edildiler ve işkencelerden geçirildiler. Sonra başları vuruldu...

Bedreddin Zagora bölgesinde Ağaçdenizi adı verilen yere yerleşmiştir. Şeyh'in burada olduğunu duyan halk, akın akın ona katılmak için bu bölgeye dolar sayıları gün geçtikçe artmakta, gün günden daha da kuvvetlenmektedirler. Şeyh'in Kadıaskerliği döneminde kadı tayin ettiği öğrencileri arkalarında kalabalıklarla Şeyhlerinin yanına gelir. Bu sırada Müritlerinin yenilgi haberlerini alan Şeyh üzüntü içerisindedir. Ve bir gece müridi olarak Şeyh'in çadırına girenler onu bir çuvalın içerisine koyarak kaçırır, Edirne'ye, Saray'a getirirler. Derhal ulema toplanır. İslam dünyasının sayılı bilginleri arasında bulunan Bedreddin'i yargılamak, suçlu bulmak dahası ölüm fetvasını vermek kolay kolay yapabilecekleri iş değildir. Zaten Bedreddin'i yargılamak istediklerinde İslam Hukuku alanında hepsinden üstün olan Şeyh bu yargılamayı boşa çıkartır, kendisini yargılayanların hepsi de artık bir danışıklı dövüşün içinde olduklarının farkındadırlar. Sonunda İran'lı bilgin Mevlana Haydar'ın malı haram, kanı helal fetvasıyla Edirne'nin Serez çarşısında asıldı...

Bedreddin Hareketi yapısı itibariyle değerlendirildiğinde, sınıfsal bir nitelik taşır. Yoksul halkın üretim araçlarının egemenliği için ayaklanmasıdır. Bu anlamda Anadolu topraklarının ilk sınıf savaşımıdr. 15. yy ın başlarında komünal bir toplum tasavvuruyla ortaya çıkmışlardır. Elbette böylesi bir toplum tasavvurunu Bedreddinden önce kuranlar ve yazanlar mevcuttur fakat Bedreddin Anadolu topraklarında bunu eylemli biçimde savunan ilk önderdir. Bu anlamda Türkiye Sosyalist Hareketi'nin de atası sayılması, tarihsel referanslarımız arasında ilk sıralarda yer alması gerekmektedir.

Tarih ve Ütopya

Başımda
Yapışkan bir uğultu
Bakır yüzlü
Kağıttan kuşlar uçtu
Bir zümrütü anka
Kendini küllerinden yarattı
Vakt irişti*
Söndü tüm ışıkları
Yüreğimin
Asıl ismi nedir
Geldiğim ülkenin

Hatırladığım
Şehla bir tay
Boynu yeşil bir üveyik
Bozkır step
Atların yeleleri
Rüzgar
Yamçı

İçimde yitik bir çocuk
Uluyor geceye
Hırçın
Soluğum Türkmen
Şivem Arab
Güneşim Hitit
Başkentim Hattuşaş

Mandalar
Toynaklar
Sümbül ve menekşe fışkıran kayalardan
Kaplan pençesinin gölgesinde
Geçer sessizce o eski susadan

Beratını taşıdım
Şeyh Bedrettin'in
Yüzümü dikenler cırmaladı
Damara ihanet zehredildi
Mağluplar muhbirlere kızdı
İler tutar yanı yok
Tarih sınadı bizi
Iskaladık

Şimdi gölgeni alda git
Senden bana hiç bir şey kalmasın
Özgürlük diye çağırıyor beni
Dağlardan uluyan
Çekiç sesleri

Mehmet Özgür Ersan

* Batıni Türkmenlerinde halifenin, şeyhin emri olarak ayaklanma zamanının geldiğini belirten bir sözcüktür.

SEKİZİNCİ BÖLÜM

Gülden terazi yaparlar
Gül alırlar gül satarlar
Gülü gül ile tartarlar
Çarşı pazarı güldür gül

Gülden değirmeni döner çarkı
Pirin eteği güldür gül

Hatayi

Şah İsmail (Şah Hatayi) :
Tekkeden Devlete Safevi Devleti

Batıniliğin Temellerini Atan İki Büyük Tekke

Erdebil Tekkesi Batıni geleneğin iki büyük tekkesinden biridir. Diğer tekke ise Hace(Anlatıcı) Bektaş Tekkesi'dir(1). Erdebil Tekkesi kuruluşunda Sünni Şerri İslam geleneğine yaslanarak kurulmuştur. Zaman içerisinden Arap Milliyetçiliğine dayalı, sınıflı bir din olan İslam'ın katı şerri hükümleri karşısından sınıflara bölünmemiş karındaş hukukunda yaşayan Türkmenlerin devletten kopup tekkelere sığınması ile birlikte kendi hukuklarını kapalı bir tekke topluluğu içinde yaşamaya çalışmaları, Erdebil Tekkesini de değiştirmiştir. Türkmenler yeni dine geçmemek için 200 yıl mücadele etmişler, ama sonunda kitleler halinde kabul etmek zorunda kalmışlardır.

İslam'a geçişle birlikte mücadele şekil değiştirerek eski kültürlerini, özlerini kaybetmeme mücadelesine dönüşmüştür. Doğadan öğrendikleri Gök Tanrı ve Şaman Dini gibi eşitlikçi toplum dinleri ile yeni dinleri sınıflı İslam Dini arasında bocalayarak karışık bir dini formasyon olan Batıni geleneğini yaratmışlardır. Türkmenler konup göçtükleri yerlerde aldıkları Budizm, Zerdüşt Dini gibi dinsel formasyonlardan etkilenerek özellikle Uygur Türklerinin oluşturduğu Budizm ile Hıristiyanlığın bir karışımı olan Maniheizm Dininin etkileriyle İslam'ı kendilerince yorumlayıp karmaşık bir dinsel formasyon ortaya çıkarmışlardır.

Tekkelerde bu formasyon, eşitlik içinde mülke değil bilgi ve tecrübe ile yönetim kademesine gelinen bir sistem oluşturmuştur. Tekkelerin çevresindeki halka destek ve bilinçlendirme çabası, küçücük bir tekkeden koskoca bir devletin ve büyük bir uygarlığın doğuşuna kadar ilerleyerek Safevi Devleti kurmuştur. Çağındaki diğer devletlere karşı bilim, sanat, edebiyat, mimari ve kültür açısından çok ilerde bir uygarlık olmasının yanında çağına göre eşitlikçi ve yönetimde demokratik bir sistem kurmuşlardır. 400 yılı aşkın bir dönem Ortadoğu topraklarına huzur ve bolluk sağlamışlardır.

Erdebil Tekkesinden Safevi Devletine Giden Süreç

Safevi Devletine giden yolda Şah İsmail'in ailesi ve bu ailenin tarihsel sürecini şöyle anlatabiliriz. Safiyuddin İshak 'ın ataları ' "Hicretin altıncı yüzyılında felsefe ile derinden ilgilenen Batıni felsefesine büyük merakı olan bir abid (ibaded eden) ve zahid(ibadetle uğraşan) ve köşenişin (inzivaya çekilmiş); Zerin Külah (Kızıl Börk) Feruz Şah adlı Azeri ve Türkmen bir ademin soyundan gelmektedir. " (2) O dönem her ne kadar seyitlik önemli olduğu için soylarını Musa'yı Kazım 'a dayandırıp peygamber sülalesinden geldikleri iddia etseler de Arap kökenli değil Azeri ve Türkmen'lerdir. Şeyh Safi'nin hayatına dair yazmalarda kendisinden 'Türk Piri' ve 'Türk Genci' diye bahsedilmekte ve Türkçe 'Kara Mecmua' adlı felsefi eserinin Safevi Hükümdarlarının hazinesinde önemle saklandığı bilinmektedir. (3) Bu da bu savı kanıtlar niteliktedir.

Safiyuddin İshak 1252-1253'de Erdebil'de doğdu. Çocukluğundan itibaren ciddi ve arkadaşsız bir çocukluk geçirdiği tasvir edilir. Erdebil uleması içinde kendi eğilimine uygun bir mürşid bulamadığı için ve iyi bir öğrenim verdiğini duyduğu Şeyh Necmeddin Buzguş'tan eğitim almak için Şirvan'a gitti. Şirvan'a ulaştığında Şeyh ölmüştü. Onun müritlerinden Rükneddin Beyzavi ve Amr Abdullah, ona Halvetiye tarikatının piri olan Şeyh Zahid Geylani'yi önerdiler. Onu dört yıl arayıştan sonra Hilya- Kıran'da buldu. Şeyh onu iyi karşıladı ve 1277'de kızı Bibi Fatma ile evlendirip ölünceye kadar yanından ayırmadı. 1301'de vefat edince şeyhin vasiyeti gereği Şeyhlik Safiyüddin'a intikal etti. Geylani müritleri ona bağlandı.

Tekkenin dışındaki olaylarla ilgilenmeyen diğer şeyhlerin yerine Safiyüddin ayrı bir yol izledi. Mezhebi konusunda merakları boşa çıkacak şekilde Şeyh'in müritleri arasında Şafilerin, Hanifilerin, Şialar ve Mevleviler gibi geniş bir yelpazenin yanında birçok Budist; Hıristiyan ve başka inançtan insanların olduğu bilinmekteydi. Şeyh tasavvufi, arifane ve felsefi meseleleri çözümünde Hz. Muhammed'e dayandığı gibi Hz. İsa'ya da dayandığı takiyyeyi aşarak serbest düşünceye yönelen birçok yargılar bulunuyordu. Ayrıca din ve mezheplerin düşüncelerini taassup (bağnazlık) olarak yakalaştığı biliniyor. (4) Böylece Şeyh Safi'nin dinler ve mezhepler üstü davranışları, ününü kısa zamanda artırıp her düşünceden insanı çevresine toplamıştır. Bunlar arasında ünlü yöneticiler de vardır. Sultan Ebu Said, Emir Çoban gibi devlet adamları Cengizhan oğulları bile onun karşısında saygıyla eğiliyordu. Erdebil zulümden kaçan mazlumların sığınağı haline gelmişti. 1334 yılında Hac'dan döndükten birkaç gün sonra 82 yaşında vefat edip dergahın avlusuna gömüldü.

Yerine 1334'te oğlu Sadreddin Musa (1305'te doğdu.) geçti. 1393 kadar tam 32 yıl şeyhlik yaptı. Zamanında Safevilerin nüfuzu daha da arttığı 1337'de Altınordu Hakanı Can Bey Han Sadreddin'le görüşmeye geldi. Yerine oğlu Şeyh Hoca Alaaddin Ali Sultan geçti. Timur Anadolu'dan dönerken onunla uzun uzun konuştu ve hayır duasını istedi. Hükümdar 'Benden bir istediğin var mıdır ?' diye kendisine sorunca, beraberinde götürdüğü esirleri ve Türkmenleri kendine bağışlamasını istedi. Ayrıca Erdebil ve ona bağlı köylerin her türlü 'tekellüften muaf tutulacağının" vaadini aldı. Serbest bırakılanların bir kısmı memleketlerine döndü. Diğerleri topluca bir mahalleye yerleştirildi. Yerli halk bunlara, Anadolu'dan gelenler anlamında 'Rumlu' demeye başladılar. Erdebil ve yöresine kimsenin el uzatmayacağı haberiyle birçok esir kaçıp buraya sığındı. Bütün himayesine girenler tekkeye içtenlikle bağlanıyor, kendilerine verilen her türlü görevi gerekirse canları pahasına yapıyorlardı. Tekke'nin ünü süratle Batı'da Suriye, Irak, Anadolu'nun Doğu ve Güney kesimleri; Doğuda İran Belh ve Buhara'ya kadar geniş bir sahaya yayıldı. Gelen ziyaretçilerle irtibat kuruluyordu.

Gelemeyenlerle irtibatı adına 'halife' denilen özel yetiştirilmiş propagandacı müritlerle sağlamaktaydı. Bunlar Erdebil tekkesine sürekli armağan ve bağışta getiriyorlardı. Şeyh Hoca Alaaddin Ali 1429'da Kudüs'te öldü ve Mescidi Aksa'ya gömüldü. Taraftarları başlarına 12 dilimli kızıltaç (börk) giyiyordu. Ama bunun nedeni Ali taraftarlığı değil Türkmen geleneğinden Batıni bir özün ağır basmasından kaynaklanmaktaydı.

Erdebil tekkesinin, Timur soyundan gelenlerin üzerindeki nüfuzu bilen Anadolu'daki Batıni zümreler arasında bu yeni anlayış yani Kızılbaşlık süratle yayıldı. Alaaddin Ali 'nin oğlu İbrahim'in 18 yıl şeyhliği süresince Kızılbaşlık siyasi bir hüviyet kazandı. 1447'de ölen İbrahim'in oğlu Cüneyt, bu düşünceyi eyleme dönüştürüp şehir şehir dolaşmaya başladı. Gidemediği yerlere halifelerini gönderip onları Kızılbaşlığa davet etti. Hükmünün geçtiği yerlerdeki halkı baskıcı Sünni Şeriatçı hükümetlere karşı isyana teşvik etti. Şeyhlik meselesi yüzünden amcasıyla arasının açılması ve etkin olduğu Karakoyunlu Devleti'nin onun nüfuzunu kırmak için amcasına destek vermesi sonucu Erdebili terk etmek zorunda kaldı. Doğruca Sivas'a geldi. Halifeleri aracılığıyla padişaha başvurup Kurtbeli'nde oturma izni istedi. Osmanlı bu halifelerini 'Bir tahtta iki padişah sığmaz' deyip geri çevirdi.

Cüneyt Karamanoğlu İbrahim Bey'e sığındı. Geçici bir süre için Konya'da ikametine izin verildi. Şeyh Sudrettin Konyavi zaviyesinde misafirliği sırasında zaviyenin Şeyhi Abdüllatif Mahdisi ile yaptığı sohbetlerden birinde 'Kurandaki Hz. Ali ile ilgili Ehli Beyti öven ayetlerin Kurandan kasten çıkarılmış, onların yerine sonradan uydurulmuş yeni ayetler konduğunu veya böyle olabileceğini' öne sürmesi Şeyh Abdüllatifi ayağa kaldırdı. Onu Konya beyine şikayet edince Şeyh Cüneyt, Teke iline doğru yöneldi.

Karamanoğlu İbrahim Beyin adamları tarafından izlendiğini haber alınca, yakalanmamak için süratle yolunu Suriye'ye çevirdi. Niyeti Memlükler yönetiminde olan Kuzey Suriye'de hem barınmak, hem de taraftar kazanmaktı. Memlük Sultanı; Cüneyd'in yakalanması için Halep Valisine emir verdi. Cüneyt eşyalarını toplama fırsatı bile bulamadan kuzeye geçti. Kızılbaşlığı benimseyenleri toplayıp Trabzon'daki Rum Devleti'ni ortadan kaldırıp, Trabzon'u kendine yurt edecekti. Trabzon'a saldırdı. Rumları yendi ama şehre giremedi. Fatih Rumları haraca bağlamıştı. Kendi tebaası olan Rumları korumak için Sivas Valisine bir emirle Cüneyt'i yakalama görevi verdi. Cüneyt, Akkoyunlu hükümdarı Uzun Hasan'ın yanına sığındı. Uzun Hasan her ne kadar müritlerinden çekinse de Karakoyunlu Cihan Şah'a karşı onlardan yararlanmayı düşünüyordu. Bu düşünceyle Cüneyt'e iltifat da bulunarak kız kardeşi Hatice Begüm'ü Cüneyt'e verdi. Cüneyt her türlü hazırlığını devam ettirip Erdebil'e döndü. Amcası Cafer ve Karakoyunlu Cihan Şah ona engel olamadı. Şeyh Kuzeydeki Çerkes'lere saldırıp ganimet alarak güçlenmek ve Kızılbaşlığı yaymak için zemin hazırlamak istedi.

Yaptığı savaşta Cüneyt yenildi ve kalbine isabet eden bir okla öldü.

Kızılbaşlar yine yenilmişler ama bu sefer dağılmamışlardı. Çabucak bir araya gelip Uzun Hasan'ın kız kardeşi Hatice Beğüm'den doğan Haydar'ın etrafında toplandılar. Cüneyt'in Haydar'dan büyük bir oğlu olmasına rağmen, halk Haydar'ı başa geçirdi. 1468 de Akkoyunlular Karakoyunlular'a üstün geldi. Cihan Şah ile oğlu Hasan Ali öldüler. Karakoyunlu devleti Akkoyunluların eline geçti. Haydar, Uzun Hasan'ın kızı Alem Şah (Halime Beğüm) 'la evlendi. Bundan üç oğlu dünyaya geldi; Ali Sultan, İsmail ve İbrahim.

Haydar vakit geçirmeyi ve askerlerinin hareketsizliğini doğru bulmuyordu. Kiminin atı, kiminin silahı olmamasına rağmen babasının öcünü almak düşüncesiyle Kafkas kavimlerine saldırdı. Çerkesleri yenip bol ganimetle döndü. Ertesi yıl aynı akını yeniden düzenledi. Şirvan Şahı Ferruh Yesar kaleye kapanıp savunmaya geçti. Akkoyunlu Sultanı Yakup Bey'den yardım istedi. Uzun Hasan'ın damadı da olsa güçlenmesi istenmediğinden Yakup Bey'le savaşa tutuştular. Haydar'ın savaşta attan düşünce boynu kırıldı ve öldü. Safevi ordusu dağıldı. Yakup Bey, Safevilerin düşmanlığını büsbütün üzerine çekmemek için Haydar'ın çocuklarına dokunmadı, Şiraz Valisi Mansur Bey Purmak'ın yanına göndertti. O da üçünü birden İstahr Kalesine hapsetti. Uzun süre burada kaldılar. Akkoyunlular arasında tahta kavgaları sürüp gidiyordu. Sonunda Rüstem Bey diğerlerini bertaraf etti. Fakat Sungur'un fırsat bulduğu an karşısına çıkacağını gözden uzak tutmayan Rüstem Bey, Uzun Hasan gibi Safevi taraftarlarından faydalanmak düşüncesiyle üç çocuğu hapisten çıkardı.

Babasının yerine Safevi Şeyhi olan Sultan Ali; Sungur'la yaptığı iki savaşı da kazandı. Bu başarıdan ötürü Tebriz halkı onu çoşkulu bir törenle karşıladı. Gerek bu başarısı, gerekse müritlerinin birdenbire çoğalması Rüstem'in gözünü korkuttu. Bir bahane ile diğerleri gibi onu da ortadan kaldırmayı tasarladı. Rüstem'in kendisine karşı soğuk davranmasından şüphelenen Sultan Ali, iki kardeşini yanına alıp Erdebil'e kaçarken, Rüstem arkasından yetişti ve her türlü olasılığa karşı İsmail'le İbrahim'i Erdebil'e gönderip, Sultan Ali'yi öldürdü. (1493)

Şah İsmail'in Hayatı

Safevi ailesine bağlı müritler, bazı kargaşalardan yararlanıp İsmail'i Hz. Ali soyundan olduğu için saygıyla saklayacağını düşündükleri Geylan Hükümdarı Karkeya Mirza Ali'ye teslim etti. Karkeya Mirza Ali ona iyi bir eğitim alması için hocalar tuttu. Rüstem Bey, Kareya'nın topraklarında olduğundan şüphelendiği Şah İsmail'i adamlarına takip ettirdi. İzini bulamamasına rağmen şüphelerini gidermek için bizzat Karkeya'ya gelip, kendi topraklarında olup olmadığına dair yemin etmesini istedi. Karkeya Şah İsmaili'i bir ağaca çıkartıp, İsmail 'bu toprak üzerinde değil' diye yemin verdi. Şah İsmail bütün takip ve aramalara rağmen 6 yıl daha bu topraklarda kaldı.

Akkoyunlu Rüstem Bey Güde Ahmet Bey tarafından öldürüldükten sonra ülkede taht kavgası çıktı ve ülke ikiye bölündü. Bu kargaşada Akkoyunlular kimseyle uğraşacak durumda değillerdi. İsmail, Geylan'dan ayrılıp Hazar Denizi yakınındaki Tarum'a geldi. Anadolu ve Şamlu Türkmenleri etrafına topladı. Oradan Halhal'a, daha sonra da Erdebil'e geçti. Buranın valisi Sultan Ali Bey'in onu uyarması üzerine Ercuvan'a geçip kışı orada geçirdi. Karlar eriyince batıya yönelip Saat Çukuru, Kağızman, Erzurum ve Tercan'ı takiben Sarukaya yaylasına geldi. Daha önce kendilerine haber gönderilen Tokat, Amasya ve Sivas yöresindeki Kumlu, Şamlu, Ustaçlu aşiretleri, beyleriyle birlikte İsmail'in emrine girdiler. Daha sonra Teke(Antalya) Yöresi dahil, en çok Çorum ve Yozgat'ın Bozok Türkmenleri gelerek katıldılar. Osmanlı tarafında bu durum II. Beyazıd'ın yaşlandığı için Erzincan'a bu kadar kolay geçildiği çalkantısını yarattı. Osmanlı ordusu bu sırada Modon ve Korun kalelerinin fethiyle uğraşıyordu.

Şah İsmail 1501 yılında Erzincan'dan ayrılıp Gürcistan üzerinden Şirvan'a yürüdü. Şirvan Şahı Ferruh Yesar'ı, kendisinden silah ve asker olarak güçlü olmasına rağmen yendi. Kışı Mahmut Abad'da geçirdi. Ordan Gülistan Fethine giriştiği sırada kale komutanı Akkoyunlu hükümdarı Elvend'le karşılaşıp çetin bir savaş sonunda onu yendi. Fakat Dulkadirli, Ustaclu, Şamlu, Bayburtlu, Tekili, Rumlu, Karamanlu beyleri başta olmak üzere çok kayıp verdi. Azerbaycan'ı tamamen aldıktan sonra Tebriz'de tahta çıkıp şahlığını ilan etti. On iki imama adına hutbe okuttu. Ezana Aliyyü'l Veliyullah sözcüklerini de kattı. Böylece Safevi Kızılbaş Devleti resmen kuruldu ve kendisi Şah İsmail adıyla anılmaya başlandı.

Osmanlı bu yükselişten şüphelenerek ülkesindeki Türkmenlere yasak getirip, desteği kesmeye çalıştı. Ama Anadolu'daki yerleşik veya konar – göçerlerin kitleler halinde Erdebil şeyhlerinin yanına koşmalarında elbetteki geçerli nedenleri vardı. Halifelerin propaganda esnasında 'Erdebil'e gidenlerin bolluk içinde yaşacağı ' sözleri fakir Türkmenler arasında umut verici ve ikna edici oluyordu.

Dulkadirli Alaüddevle 1508'de ortada hiç sebeb yokken Şah İsmail'in elçilerini öldürdü. Şah İsmail ordusuyla Dulkadir topraklarına girdi. Osmanlı ve Memlükler'den destek isteyen Dulkadir Beyine yardım gelmeyince Alaeddevle yenildi. Anadolu'nun önemli bölümü eline geçti. Diyarbakır hakimi Emir Bey kendisine ilhak etti.

1510 yılında Şah İsmail Horasan'ı alırken Anadolu'da Şah Kulu Ayaklanması gerçekleşti. Asıl adı Karabıyıkoğlu Hasan olana Şahkulu, İsmail'in babası Haydar zamanında halife olup Teke yöresine gönderilmişti. Burada bir mağaradan hiç çıkmayıp dua eden Şahkulu, zaman içinde Osmanlı Padişahı II. Beyazıd tarafından hayır duası için 7000 akçe ile ödüllendirilmişti. Yiğit ve cesur bir Türkmen olan Şahkulu bilgisiyle de Türkmenler arasında ün salmıştı. Türkmenlere Osmanlı'nın yaptığı haksızlıklara dayanamıyor kurtuluşu Safevi Devletiyle bütünleşmekte buluyordu. Çevresine topladığı Türkmenlerle ayaklanarak Osmanlının Anadolu Valisi Karagöz Ahmet Paşa'yı yendi. Arkasından Karaman Ahmet Paşayı yendi. Veziri Azam Ali Paşa ile karşılaşıp ordusunu dağıttı. En ön safta savaştığından dolayı yaralandı ve birkaç gün sonra öldü. Bazı kaynaklar askerleriyle Şah İsmail'e ulaştığını ve onun bir devlette iki hükümdar olmaz gerekçesiyle kendisini ve getirdiği Türkmenleri öldürdüğünü söyleseler de bunlar yanlı kaynakların amaçlı saptırma uğraşlarıdır.

1512'de Osmanlının başına Yavuz Sultan Selim geçti. Safeviler en büyük tehlike olarak gördükleri Yavuz Sultan Selim'i tahta çıkar çıkmaz . Halife Rumlu Nur Ali'yi görevlendirip; Amasya, Tokat, Sivas ve Çorum'da Türkmenler ayaklandırıldı. Safevilerle Osmanlı bu olayların sonunda Çaldıran' da karşı karşıya geldi.

Sayıca ve teknik olarak üstün Osmanlı ordusuna karşı, kendisine inançlı şahları uğruna canın fedaya hazır Türkmenler Osmanlı ordusunu sıkıştırdıysa da yenemediler. Osmanlı ordusu ise üç aylık bir yorgunluk ve Türkmenlere kılıç çekmek istemeyen Osmanlı Ordusundaki Türkmenlerin çekimserliği yüzünden Tebriz'e kadar ilerlemeden İstanbul'a döndü. Ordunun başında savaşan Şah İsmail, koluna isabet eden bir kurşunla yaralanıp attan düştü. Şah'ın subaylarından Sultan Ali, şah benim deyip askerleri yanıltarak Hızır adında bir askerin atıyla Şah İsmail ortadan uzaklaştırdı. Şahın Taçlı Hatun adlı eşi ve diğer yakınları Yavuz Sultan Selim'in eline geçti.

12 yaşından 27 yaşına kadar geçen 15 yıl içinde çeşitli başarılar kazanan genç, zeki ve yetenekli ama bir o kadar mağrur Şah İsmail hem karısının başına gelenler ve hem de Çaldıran yenilgisiyle kendisini içkiye ve şiire verdi. Sürekli takipler yüzünden her yıl başka bir şehre gitmek zorunda kalarak yaşamaya dayanamayıp 1524 'ün Mayıs ayında hakkın rahmetine yürüdü. Erdebil'de Şeyh Safiyyuddin türbesine gömüldü.

Olayı Azerbaycanlı H. Yusufov şöyle anlatmakta; " Ölümünden bir ay kadar evvel yorgunluk hissetdiğinde ava çıhılır. O, sağalmak ümidiyle Şeki mahalline gelir çıhılır. Şahdağ'da av edir. Ona Şahdağ'da çok kadim zamanlardan kalmış birçok av hayvanlarının, vahşi at ıhlılarının olduğunu haber verimşlerdiler. Şah İsmayıl ava çıhmazdan evvel yerli ahali ona hemin yerde av etmeyin, Şahdağ'daki hayvanlar avlamağın sınağlı olduğunu, yahşi neticeler vermediğini bildirirler . Şah İsmayıl bu sözlere ehemmiyet vermir ve öz adamları ile çerge avı teşkil edir. Av şenliği kurtarar-kurtarmaz o, ağır şekilde hastalanır ve derhal Erdebil'e kaydırılır. Burda da onun halı yahşılaşmır. Telesik Tebriz'e yola düşerler. Yolda Sarab yakınlarındaki Mengutay adlı yerde hali o kadar ağırlaşır ki düşerge sarmalı olurlar. Hekimlerin sa'yi, muacilesi bir fayda vermir. Hükümdar şair 1523 - 1524 arasında vefat etti. Cesedini Erdebil'e getirip Şeyh türbesi'nin yanına defn edilir. " (5)

Şah İsmail Hatayi 'nin Şiirlerindeki Felsefi Öz Materyalizmdir

Büyük Batıni ozanı ve önderi Şah İsmail Hatayi Yunus Emre ve Azerbaycanlı şair Seyyid İmameddin Nesimi'nin etkisinde kalsa da onlardan farklı şiirleriyle siyasi düşüncelerinin propagandasını yapmış ve siyasi düşüncesini iktidara getirmiş bir insan olmasıyla ayrılır.

Önemli eserleri Hatayi Divan'ı, Dehname (On Mektup) ve Nasihatname adlarında binlerce beyit ve dörtlükten oluşan büyük yapıtlar bıraktı. Şiirlerini öz Türkçe olarak hece ve aruz ölçüsünde yazar. Şiirlerinden bazı örnekler vererek, şiirlerin içindeki materyalist özü çözümlemeye çalışırsak;

Yer yoğ iken gök yoğ iken ta ezelden var idim
Gevherin yek danesinden ileru pergar idim
(Yer ve göğün varolmasından önce ben vardım
Tek cevher tanesinden çıkmış dönen bir pergel idim.)

Gevheri ab eyledim tuttu cihanı serbeser
İns ü cinni arş ü kürsi yaradan Settar idim
(Bu cevheri su eyledim, evreni baştan başa kapladı
Cinleri ve insanı, yeri ve göğü yaratan ben idim)

Girdim Adem donuna sırrımı kimse bilmedi
Men o Beytullah içinde ta ezelden var idim
(Adem kılığına girdim ama sırrını kimse öğrenmedi
Zaten ben o Tanrının evinde çok önceden beri oturuyordum)

Ol zamandan ben anın sırrını bilirdim ol benim
Anın için Hak ile hem sır idim esrar idim
(İşte o zamandan beri onun (Tanrının) sırrını biliyordum ki, o benim
Bu nedenle Hak ile sır içinde sır idim)

Ey Hatayi Hakkı bilüb tanımışam bigüman
Anın içün ol yarattı ben ana inkar idim
(Ey Hatayi kuşkusuz Hakkı bilmiş, tanmışım
Bunun için onun yarattığını ben inkar ettim)

Hayati bu şiirinde yerin ve göğün (evrenin) bir özmaddeden (Gevher) oluştuğunu, ancak kendisinin bu özden de önce varolduğunu, ancak kendisinin bu özden de önce varolduğunu söylüyor. Sonra su oluşuyor; sudan da yer, gök ve canlılar oluşuyor. Bunları yaratan Settar (örtücü, bağışlayıcı Tanrı) ise, o benden başkası değil, demektedir. Bunu söylerken nasıl bunların hiçbirini ben yapamazsam, Tanrıya da bağlamamak gerek, çünkü evrenin bir öz maddesi vardır ve bu madde önce suyu oluşturmuştur. Hatayi kendisini, yani insanı Tanrı gösterirken, esrarı (gizemi) ortaya koyuyor; yaratılışı maddeye bağlayıp, akılcı ve temkinli bir biçimde konuda tanrısallığı yadsıyor.

Hatayi eski Yunan filozoflarından evrenin sudan oluştuğunu ileri süren Thales (İ. Ö. 625-547) ile ilk atomcu (özmaddeci) materyalist Demokritos'un (İ. Ö. 460-370) görüşlerini birleştirmiştir. Demokritos'un atomcu çizgisinde yer alan ilk materyalistlerden Sicilyalı Empedokles(İ. Ö. 490-430) ise, 'Herşeyin temelinde, toprak, su, hava ve ateş vardır ve bütün cisimler bu dört kökün çeşitli birleşimlerinden oluşur' diyordu.

Aynı şekilde Hatayi başka bir şiirinde (6)her şeyin kendisinde olduğunu söylerken, kendi yaratılışının özünü bu dört maddeye bağlıyor ama onunla kalmıyor:

Aşık isen gel beru gel can ü canan mendedir
Zahida sen kandesini ol nur-i iman mendedir

Mendedir hem yer ü göğün hikmeti vü kudreti
Ab ü ateş hak ü badı cümle yeksan mendedir
Zahida ağ u karaya bakma seni azdırır
As kulak dinle meni avaz-ı Kur'an mendedir

(...)
Ben Hatayi'yem okuram Şah'ımın vasfın müdam
Sıtk ile bel bağladım defter ü divan mendedir

(Eğer aşık, diyor Şah Hatayi, gel yaklaş ; seven ve sevilen ikisi de bende mevcuttur. Ey zahid (ibadet düşkünü) sen neredesin inanç ışığı da bendedir. Hem yerin göğün tüm gizemli bilgileri ve gücü bende su, ateş, toprak, yel ile cümlesi birleşmiştir. Dört kitabın cümlesini Kuran'da saklamış ve ezberlemişim. Ey din ve ibadet düşkünü, ağdan ve karadan (söz ve yazıyla) öğrendiklerine inanma onlar seni azdırır. Sen bana (insana) kulak ver, Kuran'ın sesi- sedası bendedir.)

Batıni şiirinde bu tür şiirlere devriye denir. Yine bir devriyede şunlar söylenmektedir;

Lamekan ilinden misafir geldim
Şu fena mülküne bastım kademe
(...)
Şu fena mülküne gelüb giderken
Sarvan olup binbir katar yederken
Yoğurup çamurum balçık ederken
Şeçerimle su taşıdım Adem'e

Adem'den ön Adem çok geldi gitti
Mülk sahibi bu cihanı halketti

(...)
Ben kıblemi kıblem beni bülübdür
Evliya enbiya andan olubdur
Ben bilürem anam benden gelübdür
Ol vakitte nikah kıydım babama
(...)

Ben obam içinde mekande iken
Muhammed'le bile mi'racda iken
Musa'yla doksan bin kelam iken
Doksan bin ilimi koydum abama
(...)

Ben obam içinde baki can idim
Ali idim din idim iman idim
Kendisi Hak idi ben zindan idim
Şimdi gelmiş sultan olmuş obama
(...)

Bu şiirde daha açıkça görüldüğü gibi, Lenin'in 'diyalektik materyalizm ilkelerini çok güzel anlatan' diye övdüğü, Batı Anadolulu filozof Heraklitos (İ. Ö. 530-470) tarafından ortaya atılan materyalist 'Değişim Teorisi' işlenmiştir. Burada eti, kemiği ve kanıyla madde olan insanın, dönüşüm ve değişmelere uğrayarak yaşadığı yok olmadığı, materyalist gerçeğin tasavvuf diliyle anlatıldığını görmekteyiz. Şiiri kısaca açıklarsak;

(Ozan başta mekan ötesinde bir varlık görmekte kendisini, yani Tanrıdır. Bu sonsuzluktan konuk gelip, dünyaya ayak basıyor. Ama çeşitli biçimlere dönüşerek değişik işlevlerde bulunmaktadır. Bu devri bir kervan katarına benzetmektedir. Adem'in çamuruna kendisini katıp yoğurduğunu söylerken, bu gelenekçi söylenceyle alay etmekte. Çünkü arkasından 'Adem 'den ön adem çok geldi gitti' diyerek, ilk insanın Adem olmadığını belirtiyor. Aynı dönüşüm içerisinde, veliler ve peygamberler de gelip gitmektedir. Bu değişimle anasının babası olabileceği gibi, ana-babasının nikahını kıyan da kendisidir. Muhammed'le Mirac'da, Musa ile Tur dağında bizzat söyleşip, bütün bilgileri abasının altına koymuştur, onları hocasına öğretecektir. Ve kendi dünyası içinde yokolmayan bir Can'dır (ruh ve maddenin yokolmazlığı birbirine karıştırılmış) Ali olmuş, din-iman olmuş ve Tanrı olmuşsa da kendinde vücut bulurken, zindana düşmüş gibidir. Ama şimdi artık dünyasının sultanıdır.)

Alevi-Bektaşi, yani Batıni edebiyatın kollarında, Hatayi'den verdiğimiz örneğin benzeri, dönüşümü-devri anlatan birçok şiir vardır. Bunların genel adı 'devriye' (dönüşüm-evrim)'dir. En güzel örneklerini Yunus, Nesimi, Hatayi, Şiri, Azmi, Harabi'de gördüğümüz 'devriye' türünü işlemeyen Batıni ozanı yoktur. Devriyeler içerisinde dinsel kavramların ve sözcülerin bulunmasından dolayı yukarıda görüldüğü gibi bu şiirlerin içeriğinde felsefi materyalizmden içerikler bulunmaktadır.

Bunu koyu Şii şeriatçı bir anlayışta olan ve İslam tasavvufu konusunda üstat olan Abdülbaki Gölpınarlı (7) bile kabul etmek zorunda kalmıştır. Bu felsefenin çağına göre elbette idealizme yaslanan reenkarnasyon (bedenden bedene ruhun geçişi gibi) bilgi yetersizlikleri olsa da, enerjinin dönüşüm ilkesiyle biz bu geçişin ruhsal değil maddenin en küçük birimlerinin moleküllerinin, atomlarının yok olmayıp şekil değiştirerek canlıların yaşamında tekrar enerji olarak yaşam kaynağı sunması olduğunu bugün ayrıntısıyla bilinmekteyiz.

Şah İsmail Hatayi, dönemin nesnel ve siyasal koşulları içerisinde şiirlerini eğitim ve propaganda aracı olarak kullanan halk önderidir. Alman tarihçi Walter Hinz onu 'İran milli devleti'nin kurucusu, Türk tarihçi Faruk Sümer'de 'haneden devleti' kurmakla suçlasa da, o belli bir felsefi düşünceyi dedesinin dedesi Şeyh Safiyuddin döneminden beri tüm halklara ve dinlere karşı saygılı, bu dinleri kendi felsefi görüşüne göre harmanlayıp 'eşitlikçi Türkmen karındaş hukuku'nu Türkmenlerin Maniheizm (Budist-Hıristiyan), Şaman ve Gök Tanrı dinleriyle; doğanın öğrettiği diyalektik yapı ile perçinleyerek felsefi bir düşünce, ütopik sosyalist bir bakış açısı oluşturmuştur. Elbet bu düşünce zorla Müslümanlaştırılmış tüm Batıni Türkmenlerde bulunmasına rağmen takiyye ve gizlilikle, tekkelere gizlenerek, cemaatsal ve bireysel kurtuluş örülmeye çalışılmıştır. Dedesi Safiyuddin bunu takiyeden kurtarmış, Şah İsmail ise Anadolu, Ortadoğu ve Hazar bölgesi Türkmenleri ile koca bir devlet kurmuştur. Elbette sapkınlık, kadın ve mal ortaklığı ile suçlanıp dedesinden beri tüm ailesi katliamlara uğrayan çok çileli bir yaşam geçirmiştir. Yaptığı bir çok mücadele ile 40 bin Türkmen'i ona yardım etmesin diye kıyan Yavuz Sultan Selim'den daha acımasız gibi gösterilip, tarihe acımasız bir kişilik olarak yansıtılarak, bugün tarihle olan bağlarımız kopartılmak istenmektedir. Elbette günümüzden bakınca sınıfçı ve diyalektik bir bakış açısı göremeyeceğimiz bir düşünce yapısı vardır. Ama unutulmasın Engels Ortaçağ köylü ayaklanmalarının, dinsel formasyon altında kendilerini göstermek zorunda olduğunu, ama ısrarla topraksız köylülerin ayaklanması olduğunu ve dinsel değil sınıfsal bir çıkış olduğunu vurgulamaktadır.

Hacı Bektaş düşüncesiyle yoğurduğu düşüncesinde Hz. Ali ve Hacı Bektaş dergahının normal sıradan bir kulu (üyesi) olmadan padişah olunmayacağının bilincinde olduğu şiirlerine yansıtmıştır. Darı (Mahkeme) ile Tarık (yol, düşünce) sistemiyle, muhasiplik (kardeşlik, yoldaşlık, karındaşlık) ve on iki hizmet kurumlarıyla tamamıyla düşüncesini maddi yaşama bir cemaatten tüm devletin hukukuna geçiren, çağında diğer devletlerin savaş teknolojisini ve askeri gücünü geliştirirken bilim, sanat ve edebiyat'ta gelişim sağlamıştır. İran'da bugün hala o zaman yapılan kütüphaneler, okulları gezen insanların mimariye ve suların oluşturduğu ferahlatıcı doğal klimalı avlulara hayran kaldığı bu avlularda ellerinde kitapları ile öğrencilerin eğitim gördüğünü hayal ettiklerini batılı araştırmacılar dile getirmemektedir.

Yol kardeşi (müsahibi) Ali Mirza'nın Çaldıran Savaşında Şah İsmali'i kurtarmak için ölüşü onu o kadar duygulandırmış ve üzüntüye itmiştir ki kendisinin yaşaması o ölürken onda suçluluk duygusu yaratmaktadır. Çünkü o bir padişahtan çok sıradan bir insandır ve dostu ölmüştür. Kendisi de bu savaş sonrası büyük üzüntüler içinde çok genç yaşta ölmüştür. Musahiplik kavramı hem düşünce hem de maddi yaşam anlamında birbirine destek olan, birbirini Dar (halk mahkemesinde) savunan yaşamda denetleyen maddi olarak birlikte çalışan, üreten, ürettiklerini eşitçe paylaşan bir sosyal dayanışma sistemidir.

(. . .)
Cellatlar aralandı / Ciğerler yarelendi
Sultan Ali İmirza'm / Bu kavgada parelendi
(...)
Çöl olası Çaldıran / Altun kadeh dolduran
Hatay'im ağlar gezer / Muhasibim aldıran

Şah İsmali'in elbette nasıl yetiştirildiği, kendisine bu bilgi birikimini armağan eden ailesinin düşünce yapısı da çok önemlidir. Çünkü Şeyh Safiyuddin İshak'ın oğlu Şeyh Hoca Alaaddin Ali 'nin (1392-1429) Timur'dan aldığı Alevi- Türkmenlerden otuz bin savaş tutsağını Anadolu'dan taşıdığı, Hacı Bektaş Veli öğretisiyle, Baba İlyas ve Şeyh - Bedrettin toplumsal başkaldırı geleneğini, Erdebil Dergahı çevresini etkisi altına almakta gecikmedi . Sofiyan-ı Rum (Anadolulu Sufiler) adıyla yerleşen bu topluluk, Erdebil'in katı Ortodoks (Sünni İslam) inanç sistemini parlayıp, Anadolu Aleviliği doğrultusuna yöneltilmiştir. İleride bir devlet kuracak olan çocuk Şah İsmail'i düşmanlarının elinden kaçırıp saklayarak, ölümden kurtaran bu insanların torunlarıdır.

Şeyh İbrahim'den (1429-1447) sonra oğlu Şeyh Cüneyd'in yedi yıllık Anadolu serüveninde (1449-1456) Alevi- Bektaşi boyları (Çepni ve Varsak Türkmenleri) arasındaki tüm kazanımların Erdebil'e taşınması, Şeyh Haydar'la (1470-1488) birlikte mücadele veren Şamlu, Ustaclu, Rumlu, Tekelü vb. Alevi aşiretlerinin Dedelerinin bağlı bulundukları Hacı Bektaş Veli'nin yol-yöntem ilkeleriyle onu yetiştirmiş olmaları, Karakoyunlu ve Akkoyunlu beylerinin Erdebil ve çevresinde siyasal amaçlı yağmaları Sünni ve Şii iki tarafın da taban tutmasını engellemiş tamamen bunlardan uzaklaşan halk ve Osmanlı'nın zulmüyle inleyen Anadolu'daki Türkmen topluluklar hızla etrafına toplanarak büyük bir devletin kurulması sağlanmıştır. Bu gün bile Şii ve Sünni kaynaklar Batıni'leri dinsiz, sapkın, kadın ve mal ortaklığı ile suçlayan bilgilerle doludur.

Şah İsmail farkı Karl Marx'ın ' Bugüne kadar filozoflar dünyayı çeşitli biçimlerde açıklamaktan başka bir şey yapmadılar' diye tariflediği gibi kendisinden önce gelen sanatçılar ve ozanlar düşünceleri duygu ve estetik katarak yapıtlarına yansıtıp, açıklamakla yetinirken, o dünyayı değiştirmeye soyunmuştur.

Onun şiirlerinde yaptığı evreni değiştirme çabasına; üretim, tüketim, akıl ve sevgide, inançta ve insan ilişkilerinde yepyeni bir dünya yaratma çağrısına çalışan ve üreten ama ezilen tüm Anadolu insanı kulak verip Şamlu, Ustaclu, Rumlu, Tekeli, Afşar, Varsak, Kacar... aşiretleri yiğitleri, gazileri, alp erenleri; kadını, çocuğu ve yaşlısıyla bütün baskı, katliamlara rağmen yerlerini yurtlarını terk etmişlerdir. Bu gün silahlı Kürt aşiretlerinin yerleştirildiği Doğu ve Güney Doğu Anadolu'da

DOKUZUNCU BÖLÜM

"Özgür bir toplumun kurulmasının mevcut toplumu reformlarla, ya da şiddete dayalı bir devrimle dönüştürerek gerçekleşmeyeceğini, böylesi bir toplumun kişisel düzeyde ortaya çıkacak bir devrimle oluşacaktır. . " (1)

İngiliz Gravürcü, Ressam, Felsefeci ve Şair William Blake'in Ütopik Toplumcu Düşünceleri

"Her kişi kendisine ait imgelem gücünün yeniden doğuşuna tanıklık ettiği zaman, algı kapılarını* temizleyip her şeyin sonsuz ve kutsal olarak görünmesini sağladığı zaman, toplum gerçekten değişmiş olacaktır. Sezgi, imgelem ve duygu yetilerini günümüzde salt araçsal koruma indirgenmiş akla yeniden kazandırmak için, kişinin düşünme ve algılama tarzında kökten bir değişim gereklidir." (2)

Yaşamı

William Blake (28 Kasım 1757, Londra - 12 Agustos 1827, Londra) Yapıtları kadar yaşamı da ilginç olan İngiliz şair, ressam, heykeltraş ve gravürcü oymabaskı ustası ve mistik. William Blake 28 Kasım 1757'de dört kardeşin üçüncüsü olarak dünyaya geldi. Sanata resimle başlar ve çok geçmeden 11 yaşında ilk şiirlerini yazmaya başlar. Çocukluğunda Shakespeare, Milton'u okur ve klasik dönem ressamlarını inceler.

İngiltere'nin sanayi, politik ve kültürel yaşamından kökten değişikliklerin gerçekleştiği bir devrim çağında yaşadı. Blake bu yıllarda çalışma hayatına ve yoksulluğa doğrudan tanık oldu. Bu tanıklıklar masumiyet ve özgürlük kavramlarını oluşturmasında etkili oldular. Orta halli bir esnaf ailesinin çocuğuydu. Babası çorapçıydı ve okula gitmedi. Öğretmeni annesiydi ve o da okuma yazma bilmeyen karısı Catherine'in eğitimi -cenneti canlandırmak için bahçede çıplak bir biçimde Paradise Lost' u okutabilecek kadar üstlenecekti.

On yaşında çizim okuluna gönderildi ve on dördünde James Basire adlı bir oymabaskı ustasının yanına çırak verildi. 1779'da Kraliyet Akademisi'ne girdi ama ortamdan hoşlanmadı. Dinsel görüşlerinde kiliseye bağlı olmayan bazı aydınlarla birlikte Swedenborg tarikatına girdi. 1780'de Newgate Hapisanesi'ni yakarak otoriteye karşı nefreti gösteren asilerin arasındaydı. Kiliseye olduğu kadar devlete de karşıydı. 1784'de babasının ölümü üzerine çocukluğunu geçirdiği evin bitişiğindeki eve taşındı ve bir basımevi açtı. Kardeşi Robert'ı da yanına aldı. 1787' de ölen Robert'ı sık sık düşlerinde görecekti.

Fransız Devrimi Blake'in yaşamında açık bir şekilde dönüm noktası olmuştur. Devrimi izleyen gerici dönemde Blake hükümetin radikalleri bastırmasına 'Ağız Tıkama' yasalarının sansürüne, kütüphaneleri yağmalayıp gözden düşmüş ressam ve şairlere çamur atmaya hazır kilise ve kral takımının öfkesine tanıklık etti. Blake radikal düşüncelerini alegorik süsler ile gizlemeye mecbur bırakıldı.

Kırk yaşlarındayken tamamladığı kendi desenlerinden oluşan ve ilk büyük işi olan Young Night Thoughts adlı kitabını 1797'nin ekonomik durgunluğunda yayınladı. Başarısız oldu. Artan başarısızlık duygusu ve kötüleşen politik durumla birlikte mizacı gereği ruhsal çöküntü içine girmiş olduğu görülüyordu.

"Giderek desen çizme üslubumun kendine özgü bir tür olduğunu keşfediyorum ve sana gönderdiğim resimde Dehamın veya Meleğimin gösterdiği yolu izlemek zorunda kaldım; eğer başka türlü davransaydım, uğruna yaşadığım, Yunanlıların yitik sanatlarını yeniden canlandırma amacım gerçekleşmeyecekti. " (3)

"Bu dünyada bir insanın mutlu olabileceğini hissediyorum. Ve bu 'Dünyanın İmgelem ve Vizyon Dünyası' olduğunu biliyorum. Bu dünyada resmini yaptığım her şeyi görüyorum, ancak herkes aynı şeyi göremez. Cimrinin bakışına göre 'Altın Para', 'Güneşten' daha güzeldir ve eski bir para kesesinin üzümlerle dolu bir asmadan daha güzel boyutları vardır. Bazılarında sevinç göz yaşları akıtan ağaç diğerleri için sadece yolda duran yeşil bir nesnedir. Bazıları doğayı alay konusu ve biçimsizlik olarak görür ve bunlara göre boyutlarımı düzenlemeyeceğim; ve bazıları Doğayı hiç görmez. Fakat imgelem insanının bakışına göre doğa imgelemin kendisidir. Bir insan neyse onun görür. " (4)

Hayata atılması ve para kazanmaya başlaması gravürledir. Kardeşiyle birlikte gravür dükkanı açar ama kardeşinin ani ölümüyle kapatır ve artık yaşamında yeni bir dönem başlamıştır. Melankoli başlar, gerçek ve hayal birbirine girer. Bu dönemde devrimci fikirlerin yanında, klasik Hıristiyan düşüncesine karşı çıkar. Bu dönemde 'Ayda bir ada', 'Tüm dinler birdir ve doğal din yoktur', 'Masumiyet Şarkıları', 'Thel'in kitabı', 'Cennet ve cehennem evliliği', 'deneyim şarkıları', 'Fransız devrimi' 'Cennetin kapıları' ve 'Bir özgürlük şarkısı' yayınlanır. . . Oysa daha önce sadece 'Şiir taslakları' adıyla şiirler yayınlamıştır. Dinlerle ilgisinden sonra Urizen kitabı, Los kitabı ve Ahania kitabı yayınlanır. Son yıllarında Sonsuz İncil'i yazar ve son resmi okuma yazmayı öğrettiği karısı Catherine'indir.

Blake maskesi olmayan bir insandı, amacı yalın, yolu doğrudur ve hiçbir şey istemez; bu yüzden özgür, soylu ve mutludur. Savaş ve endüstriyel değişim ile yıkılmış bir dünyada, kendisinin gizemci, düşsel ve özgürlükçü dürtüleriyle hiçbir bağlantısı olmayan maddeci ve zalim bir çağda doğmuş olması onun şanssızlığıydı.

Aklının görsel yanı hep ağır basmıştı ve tasarladıklarını canlandırabilme yeteneğine sahipti. Blake, imgeleri, sanki kafasının içinde değil, gözünün önündeymişçesine çok canlı bir biçimde aktarırdı. Şiirleri, elle tutulabilecek kadar canlı imgelerle doludur. Şiirlerini, yaptığı süslemelerle birlikte kendi bulduğu bir teknikle küçük bakır levhalar üzerine kazıyarak bastı ve elle boyadı. 20. Yüzyıl edebiyatı üzerine muhteşem bir etkisi olan Songs of Innocence ve Songs of Experience, dönemi için çok önemli yapıtlar olmasına rağmen hiçbir yankı uyandırmadı. Ölümünden 50 yıl sonraya değin bu iki kitabı hiç bilinmiyordu. Keskin gözlemleri olan, dürüst, dil ve çizim alanındaki büyük yeteneğini doğallıkla kabullenen olağanüstü bir kişiydi. Safra taşları yüzünden sağlığı kötüleşti. 12 Ağustos 1827'de her zaman yaşamış olduğu gibi koyu bir yoksulluk içinde öldü. 70 yaşında Strand yakınlarında bir odada öldüğünde hala kitaplarını renklendiriyordu ve isimsiz bir mezara gömüldü.

Hayatı boyunca ne maddi sıkıntıdan ne de eleştirmenlerin hırpalamalarından kurtulamamış, ölümüne dayanamadığı eşinden iki yıl sonra 40 yaşında iken veda etmiştir hayata. Son sözlerinin 'Rabbim, ruhuma yardım et' olduğu söylenir. Mezar taşında ise 'Dedi kuzgun: Hiçbir zaman' yazmaktadır.

Dışardan bakıldığında; Blake'in yaşamı sürekli bir başarısızlık olarak gözükebilir. Yaşadığı Amerikan ve Fransız devrimlerine büyük ümitler besledi. Doğrudan sanayi devrimin zaferini, İngiliz devriminin başarısızlığını gördü ve acı çekti. Buna rağmen şiirinde ve resminde bu deneyimi yeniden yarattı ve insanlık için yapıtlarından elde ettiği çıkarımları dile getirdi. Zaman zaman üzüntüye kapıldı, fakat asla umudunu yitirmedi. Yaşamının sonuna doğru, çalışma karşılığı hakça ücret ve yaratıcı düşünce için ortam istedi. İnsanların birbirleriyle ve doğayla uygun içinde yaşadığı ekonomik ve psikolojik bağımlılıktan kurtuldukları, varlıklarının bütün gizil güçlerini geliştirmeleri için özgür oldukları bir zamanın gelmesini istedi.

Peter Kropotkin ; "Uygarlık tarihimiz boyunca iki gelenek iki zıt eğilim birbirleriyle karşı karşıya gelmiştir; Roma geleneği ile halkçı gelenek, emperyal gelenek ile Federalist gelenek, otoriter gelenek ile özgürlükçü gelenek " dediği gibi Blake bu iki mücadele arasında kalmış iyiyi, güzeli, doğru olanı seçmişti.

Blake bütün dinsel ve siyasal tahakkümü reddederek, sağlam şekilde kendini halkçı ve özgürlükçü geleneğe yerleştirir. Dünya tarihini ve bireylerin yaşamını otorite ile özgürlük arasında süre giden bir mücadele olarak gösterir.

Blake'in nihai amacı böyle ayrılıkların ve çatışmaların ötesine geçmek, özgür toplum Kudüs'ünü inşa etmek ve insanlıktaki tanrısal gizil güçleri gerçekleştirmektir. Bütün otorite biçimlerini reddetmesi ve her türlü özgürlüğü yüceltmesinden dolayı Blake bir ütopik sosyalist'tir. O zamanlar ütopik sosyalistler içinde anarşistlerde vardı. Bu yanıyla da bir anarşisttir. Gerçekten de kişisel özgürlüğe hiçbir sınır koymaz.

Kilise ve Devletin kamu yaşamından mahrum bıraktığı Blake'in zamanındaki muhalifleri ayrı bir grup oluşturdular ve sürekli bir toplumsal eleştiri akımı kurdular. Blake rasyonel muhaliflerin özgürlükçü düşüncelerini paylaşırken, aynı zamanda da komüniter ve chilliastic** yönde düşüncelerini etkilemiş olan bir yer altı mezhep geleneğiyle de ilişki içindeydi. Bu geleneğin kökenleri millenerian *** tarikatların gizemci anarşistlerine ve özellikle de Ortaçağların Brethren Of Free Spirit'ine (Özgür Ruhun Kardeşleri) dayanıyordu.

Yeryüzünde Tanrı'nın krallığını kurmak, tam bir özgürlük ve eşitlik içinde yaşamak isteyen Anaboptistler, Ranter'ler ve İngiliz Devrimi'nin Digger'ları arasındaki solun aşırı uçları içinde yeniden ortaya çıktı.

Blake'in gençliğindeki Londra'da var olan Muggletonians ve Taskites gibi. Mezheplerde bu devam etti. Bu mevcut kilise ve Devlet 'Babil'i-nin yerine; insanların karşılıklı yardımlaşma ve bağışlamanın Sonsuz Gospel'ine göre yaşayacakları 'Kudüs'ü ele geçirmek isteyen, toplumsal özlemlerini İncil diliyle açıklayan gelenekti.

Gerçekte Blake, 1790'lardaki Radikal Muhalifler arasında Anti-Christ (deccal) kuralını tartışan, millenium'a umut bağlayan ve devrimci özlemini açıklamak için Tanrısal Esin imgesini kullanan tek kişi değildi.

Blake bu Radikal Muhalif geleneğe Kabala ile Swedenborg ve Boehme'nin gizemci yazılarından keşfettiklerini eklediği zaman gerçekten sarhoş edici ve devrimci bir karışım elde etti. Fakat genç Blake üzerindeki etkiler her ne olursa olsun, bu etkilerden kendini oluşturmasını bildi. Yaratıcı imgelemini kullanarak kendi farklı dünya görüşünü üretti;

"Bir sistem yaratmalıyım" diye yazdı " yoksa bir başkasının sisteminin kölesi olurum, uslanmayacağım ve karşılaştırmayacağım ; benim işim Yaratmaktır. " Gdwin, Muhalefet içindeki rasyonalist eğilimin anarşist sonuçlara doğru geliştirirken, Blake aynı sonuca gizemci yoldan ulaştı.

Eve Tempted by the Serpent" ("Yılan'ın Kandırdığı Havva") 1807, "Halka Halka Kucaklayışlar Sarar Vücudu/Baştan Ayaklara Dek" diye yazar Blake. .

Felsefesi

Blake'in düşüncesindeki en çarpıcı ve kesin olan özelik onun diyalektik doğasıdır. Üniversite ve okullarda egemen olan mekanikçi ve materyalist felsefeyi kabul etmez. Lao Tse gibi Balke de gerçekliği sürekli bir akış süreci olarak anlar ve değişimin, karşıt güçlerin dinamik ilişkisiyle oluştuğuna inanır. Her maddenin doğasında Blake'in 'karşıtlıklar' adını verdiği iki nitelik vardır.

"Karşıtlıklar olmaksızın ilerleme olmaz. Çekim ile itimi, us ile enerji, aşk ile nefret insani var oluş için gereklidir. Bu karşıtlıklardan, dinsel olanın iyi ve kötü değiği doğar. İyi, Us'a boyun eğen edilgen olandır. Kötü, enerji'den doğan, etkin olandır. İyi cennettir, kötü cehennem. Her şeyin kökenin de bulunan karşıtlıklar arasındaki bu çatışma sadece kaçınılmaz değil, yararlıdır da ; Karşıtlık Hakiki Dostluktur. " (5)

Kişisel ve tarihsel terimler açısından, cennet ile cehennemin evliliği yani akıl ile bedenin, imgelem ile uslamlamanın, bilinç ile arzunun zengin ile fakirin, insanlık ile doğanın barışması gerçekleşir. Marx'ın komünist toplumunda olduğu gibi, Blake de tarihin sonunda insan ile insan ve insan ile doğa arasındaki karşıtlığın artık var olmayacağına inanır.

Balke dünyanın maddeden değil, örgütlü ruhtan yapıldığına inanan felsefi bir idealisttir. Duyulara sunulan görünürdeki süregen ve dengeli gündelik dünya yanılsamadır, ruhsal ve vizyoner değildir.

"Modern felsefenin ileri sürdüğü gibi bir Ruh ve Vizyon, bulutumsu bir duman ya da boş bir şey değildir: onlar ölümlü ve çürüyen doğanın üretebildiği bütün şeylerin ötesinde örgütlenmiş ve ölümlü gözünün görebildiğinden daha güçlü ve daha iyi ışıkta, daha güçlü ve daha iyi ayırt edici özelliklerde imgelemeyen, hiçbir şekilde imgelenemez. " (6)

Platoncu Thomas Taylor gibi, Baleke de duyulara sunulan geçici zaman ve mekan dünyası ile imgelem tarafından algılanan sonsuz ve değişmez dünyayı birbirinden ayırır : 'İlinek, sürekli değişir, Tözler asla değişmeye uğramaz ve çürümez'. Blake'in "Bitkisel Evren" dediği bu evren gerçek ve sonsuz dünyanın 'soluk gölgesi'dir. Blake, sanatçının amacının ölümlü gözün algıladıklarından daha saf biçimleri, bu gerçek dünyayı betimlemek için 'ilahi imgelem sanatları'nı kullanmak olduğuna inanır.

Blake tümellerin ya da genel terimlerin değil, sadece tikellerin olduğuna inanır: 'Her Sınıf Bireyseldir'. Sanatçının doğayı küçücük tikeller yardımıyla anlaması gerektiğinde ısrar eder: Genelleştirmek Ahmaklıktır. Tikelleştirmek tek başına erdemin üstünlüğüdür." (7)

Doğaya Bakışı

Blake'in doğa kavramı onun diyalektik ve idealist konumunu yansıtır. "Doğanın bize Ruhsal Yaşamı değil sadece Doğal Yaşamı Öğrettiğini" vurgular. Modern ekologlar gibi Blake birbirine bağımlılığını, çeşitliliğinin birliğini ve organik gelişmesini vurgulayarak, doğaya bütünsel yaklaşır. Eğer beş duyumuzun ötesine geçersek, eğer algının kapıları temizlenirse, o zaman 'yaşayan her şeyin Kutsal olduğunu' göreceğiz.

Blake 'İncil Tanrı'nın Doğayı mükemmel biçimlediğini, fakat öğelerin Kötülük Prensi ile doldurulduğu zamandan beri İnsan'ın Doğa düzenini bozmuş olduğunu' söyler diye yazmaktadır. Ayrıca 'bu nedenle günahkar çıkarları ve zalimliği sokmuşlardır. Fakat bu durum bütün insanlar için geçerli değildir' der. Blake diğer türlere acımasızca yaklaşmasından dehşete kapılır.

Blake, varlık zinciri boyunca bitki ve nesneleri ruhsal ve estetik bir niteliğe sahip olarak görür. Şiirlerinde çamur topağı ve çakıl taşları konuşur, çiçekler hisseder. Blake'in derin ekolojik duyarlılığı, paranın yönettiği bu günahkar dünyadan şikayet ettiği, mektuplarından da dile gelir. 'Bir cimri için altın para güneşten daha güzeldir, eski bir para kesesini üzümlerle dolu asmadan daha güzel boyutları vardır. Bazılarında sevinç göz yaşları akıtan ağaç diğerlerinin gözünde sadece yol üzerinde duran yeşil bir nesnedir'

Blake bir ormanın sadece bir ekonomik birim olarak görülmeyeceğini, ormanın hayvan yaşamı kadar insan ruhunu da besleyen yeryüzü eko-sisteminin bütünleyici bir parçası olarak görülmesi gerektiğini ileri süren modern ekologlara seslenmektedir. Blake bir kum tanesinden bir dünya görebilen kişilerden biridir;

"Bir kum tanesinde bir Dünya görmek
Ve bir Cennet bir Yaban çiçeğinde
Avuçlarında sınırsızlığı tutmak
Ve sonsuzluğa bir vakitte. " (8)

Blake psikolojisinde bütünsel kişi Dört Zoa adını verdiği, dört esas öğeden oluşur; Beden (Tahrmas), Akıllı (Urizen), Duygu (Luvah) ve Ruh(Urthona). Blake diğerleri olmaksızın birinin tek başına var olacağını kabul etmez. Örneğin aşk fiziksel, zihinsel ve duygusal durumları içermektedir, anacak cinsellikte ruh fiziksel olanı mükemmelleştirmek için gereklidir. Ayrıca tam bir vizyoner uyanıklığı elde etmek yüksek bilinç durumuna ulaşmak için enerji, akıl duygu ve ruhu uzlaştırmak gereklidir.

"Ve dünyada küçücük bir yere konduk biz,
Sevgi ışınlarına dayanmayı öğrenelim diye,
Ve bu kara vucutlar ve bu güneş yanığı yüz,
Bir bulut ve gölgeli bir ormandır sadece. " (9)

Hindistan'da görevli bir asker ve bir Hindu mitolojisi araştırmacısı olan Edward Moor'un, 1791-96 yılları arasında Hindistan'dan dönüp Londra'da yaşadığını ve beraberinde getirdiği Yogi çizimleri için Blake'in dost çevresinden taşbaskı ustalarıyla irtibata geçtiği bilinmektedir. Bu bilgilerden Blake'in başparmakla ilgili bir başka teknikten de haberdar olduğunu düşünebiliriz. (10)

William Blake'in Hindistan ve Doğuyla ilgisi sadece bu gravürlere bağlı değildi. Zaten o gravürleri özellikle ilgilendiği için bulmuştu. İsa'nın kilisece saklanan Golgota Tepesinde yaptığı açıklamaları yayan gizli kilise örgütleridir. Bunlar mevcut kiliseye karşı dana özgürlükçü bir Hıristiyanlığı savunmaktadırlar. Bu ütopik sosyalist unsurlar -ki o zaman anarşizmle sosyalizm iç içedir- daha sonra ki bir çok yazarı da etkilemiştir.

Rus Leo Tolstoy şüphesiz dinsel anarşizmle ilintili olan en ünlü yazardır, ve bu eğilimle ilintili ruhani ve pasifist fikirlerin yayılmasında önemli etkiye sahiptir. Gandhi ve Catholic Worker Group [Katolik İşçi Gurubu] çevresindeki Dorothy Day gibi dikkat çeken insanları etkileyen Tolstoy, Hıristiyanlığın ağırlıklı [kesimine] damgasını vuran akılsızca otoriterliğin ve hiyerarşinin ötesinde [yerine] bireysel sorumluluğu ve özgürlüğü vurgulayan Hıristiyanlığın radikal bir yorumunu ortaya koydu. Hıristiyan William Blake gibi diğer radikal Hıristiyan liberterlere benzer bir şekilde Tolstoy'un çalışmaları da, pek çok Hıristiyan'ın İsa'nın bugünkü kiliseler tarafından gizlenen liberter içerikli mesajlarına doğru yönelmesinde esin kaynağı olmuştur. Böylece Tolstoy ile birlikte Hıristiyan Anarşizmi, "Gerçek anlamda Hıristiyanlık hükümete son verir"i savunur (11)

"İki kanatlı ölümsüz şekil, doğuya dönük dikilir biri
Ayakucunda, ve batıya dönük durur başucundaki
Kanatları kavuşmuş, Doruk'ta, başın üzerinde
Böyledir All Beulah'ın görünümü, havalanırken uykudakinin tepesinde"

Masumluk Kehanetleri

Görmek Bir Kum Tanesi'nde bir Dünya,
Ve bir Cennet bir Yaban Çiçeği'nde,
Tutmak Sonsuzluğu avucunda,
Ve Ebediyeti bir saatin içinde.
Kapatılmış bir kızılgerdan kafese
Boğar Tüm Cennet'i öfkeye.
Kumru ve Güvercinlerle dolu bir kumru evi
Titretir Cehennem'in tüm bölgelerini.
Bir köpek, kapısında açlıktan ölen Efendi'sinin,
Haber verir çöküşünü Devlet'in.
hor kullanılan bir At yol üstünde
Yakarır İnsan kanı için Cennet'e.
Her feryadı Yaban Tavşanı'nın, izi sürülen,
Bir elyaf koparır Beyin'den.
Bir Tarla kuşu, kanadından yaralı,
Susturur bir Kerub'un* şarkısını.
Kışkırtılmış ve kavgaya hazırlanmış Dövüş Horozu
Ürkütür Yükselen Güneş'i.
Her Kurt'un ve Aslan'ın uluyuşu
Ayağa kaldırır Cehennem'den bir İnsan Ruhu'nu.
Yabani Geyik, orada burada gezerken,
Uzak tutar İnsan Ruhu'nu üzüntüden.
Hor kullanılan Kuzu Halk Kavgalarına yolaçar,
Ve yine de Kasabın bıçağını bağışlar.
Küçük Çitkuşu'nu inciten adam
Sevgi görmeyecektir İnsanlardan.
Kim getirirse Öküz'ü gazaba
Kadınlar sevmeyecektir onu asla.
Sineği öldüren oyunbaz oğlan
Tadacaktır düşmanlığını Örümceğin.
İşkence eden kişi Mayısböceği'nin Peri'sine
Bir Kameriye örer sonsuz Gece'nin içinde.
Tırtıl, Yaprağın üstündeki,
Yineler sana Annenin dertlerini.

Güve'nin ya da Kelebeğin canına kıyma,
Çünkü Kıyamet yaklaşmakta.
At'ını savaş için eğiten kişi
Geçemez asla Kutup Engeli'ni.
Dilenci'nin Köpeğini ve Dul'un Kedisini besle,
Sen şişmanlarsın böylece.
Akşamın sona erişiyle uçup giden Yarasa
Terketmiştir inanmayan Beyni bunu yapmakla.
Baykuş gece vakti ziyarete gelen
Dem vurur inançsız'ın korkusundan.
Sivrisinek, Yaz türküsünü söyleyen,
Zehir elde eder İftiracı'nın dilinden.
Zehiri Semender'in ve Yılan'ın
Teridir Kıskançlığın ayağının.
Zehiri Balarısı'nın
Kıskançlığıdır Sanatçı'nın
Bir Gerçeği kötü niyetle söylemişsen
Daha kötüdür uydurabileceğin tüm Yalanlardan.
Neşe'nin ve Keder'in örgüsü çok incedir,
Kutsal ruh için örülmüş bir giysidir;
Her kederin ve özlemin altında
İpekle örülmüş bir Neşe yatar aslında.
Ki böyle olması hakçadır;
İnsan Neşe ve Keder için yaratılmıştır;
Ve bunu gereken şekilde bildiğimizde,
Güvenle ilerleriz Dünya'nın içinde.

Bebek daha fazlasıdır Kundak Bezlerinden;
Her tarafında bu İnsanlar diyarının
Eller doğdu ve yapıldı araçlar,
Dillerinden her Çiftçi anlar.
Her Göz'ün döktüğü Gözyaşı
Bir Bebeğe dönüşür Sonsuzluk'ta;
Ve yakalanır ışıltılı Dişilerce,
Ve döndürülür tekrar kendi zevkine.
Melemeler, Böğürmeler, Kükremeler ve Havlamalar

Cennet'in Kumsal'ını döven Dalgalardırlar.
Bir Bebek Sopa'nın altında ağladığında
Öcünü yazar Ölüm'ün diyarlarına.
Kişi Küçük Çocuğun İnancı'yla alay ettiğinde
Alay edilecektir onunla Yaşlılık'ta ve Ölüm'de.
Kuşku duymayı öğreten kişi Çocuğa
Çıkamayacaktır çürümüş Mezar'dan asla.
Küçük Çocuğun İnancı'na saygı duyan kişi
Yenecektir Ölüm'ü ve Cehennem'i.
Çocuğun Oyuncakları ve Sağduyusu Yaşlı Adam2ın
Ürünleridir İki Mevsim'in.
Soru Soran Kişi, ki oturuşu pek muzipçedir

Yanıt vermesini asla bilmeyecektir.
Şüphe taşıyan sözleri yanıtlayan kişi"
Söndürür Bilgi'nin Işığını.
Cırcırböceği'nin çığlığı ya da bir Bilmece
Uygun bir Yanıt'tır bir Şüphe'ye.
Karınca'nın İnç'i ve Kartal'ın Mil'i
Gülümsetir topal Felsefe'yi.
Kişi gördüklerinden şüphe duyuyorsa
Ne yaparsan yap, inanmayacaktır asla.
Eğer Güneş ve Ay şüpheye düşselerdi
O dakika sönüverirlerdi.
Prens'in Kaftanları ve palavraları Dilenci'nin
Zehirli Mantarlardır Keselerinde Cimri'nin.
Dilenci'nin Paçavraları, kanat çırparak havada,
Bölerler Gökyüzü'nü parçalara.
Daha değerlidir Yoksul'un Çeyrek Peni'si
Tüm Altınlardan Afrika sahillerindeki.
Cimri'nin topraklarını alıp satar Az Bir Para,
İşçi'nin ellerinden zor alındığında;
Ya da, eğer yukarıdan korunuyorsa,
Alıp satar tüm o Memleket'i.
Kılıç ve Tabanca'yla kuşandığında Asker
Yaz Güneşi'ne felçli bir halde hücum eder.
Biline en güçlü zehir

Sezar'ın Defne Tacın'ndan gelmiştir.
Çarpıtamaz İnsan ırkı'nı
Zırh'ın demiri kadar kimse.
Altın ve Mücevherler Saban'ı süslediğinde
Kıskançlık boyun eğecektir barış Sanatlarına.
Bir Tutku'nun içinde olmak sana İyi gelebilir.
Ama Tutku senin içindeyse bu hiç İyi değildir.
Bir Memleket'in Kader'ini belirler Kumarbaz ve Fahişe,
Devlet onlara resmi izin verdiğinde.
Orospu'nun sokaktan sokağa seslenişi
Örecektir Yaşlı İngiltere'nin kefenini.
Kazanan'ın haykırışı, bedduası Kaybeden'in
Danseder Cenaze Arabası'nın önünde Ölü İngiltere'nin
Her Gece ve her Sabah
Doğar bazıları Acı'ya.
Her Sabah ve her Gece
Doğar bazıları tatlı Hazza.
Doğar bazıları tatlı Hazza,
Doğar bazıları Sonsuz Gece'ye.
Yönlediriliz bir Yalan'a inanmaya
Göz'ün içinden görmediğimizde,
Ki bir Gece doğmuştur, can vermek için bir Gece'de,
Ruh uyurken Işık Huzmelerinde.
Tanrı belirir, ve Işıktır Tanrı
Gecenin içinde barınan o zavallı Ruhlara;
Ama bir İnsan Biçimi'ni sergiler
Gün'ün Diyarları'nda yaşayanlara.

William BLAKE

Emanation ; taşma, ışıma, yayılma, fışkırma, türüm, sudûr
Spectre ; vehim, evham
* Algı Kapıları : Gönül Gözü, Üçüncü Göz
** Chilliasm: İsa'nın yeryüzünde bin yıl hüküm süreceği öğretisi
*** Millennium: Kıyametin önce barış ve selametin hüküm süreceği varsayılan bin yıllık devre

ONUNCU BÖLÜM

Kabala ve Vahdet-i Vücut'taki Diyalektik Öz Antik Yunan'da mı Gizli ?

Yunanlı Pitagoras (M. Ö. 580-500) öğrencilerini, içrek ve dışrak olmak üzere ikiye ayırmıştı; gizli öğretisini birincilere öğretmişti. Kabala'ya göre de, dinin bir iç'i, bir de dış'ı vardı; gerekli olan dışı değil, içiydi.

İlahi Komedya yazarı Dante Alighieri, Aşk Dostları (Fedeli d'Amore) akımına uymuş Tapınak Şövalyesi olmuştu. Yunus ve Dante'nin yolları aynıydı, kendi içlerindeki sırrı ortaya çıkarıp, nur'a kavuşmak, Tanrı'ya ulaşmak.

Tanrı insanın içindeydi; insan da Tanrı'nın içindeydi. "Feyz tasavvuf dilinde, evrenin derece derece Tanrı'dan çıkışı, belirişi . Bu anlamda (Kabala) su'dur deyimiyle anlamdaştı. " (1)

"Kabala, Vahdet-i Vücut (Varlık Birliği) anlayışına benzer, tanrısal bir doğaçlamanın içrekliğine önem verenlerce pek üstün sayılan sırları kapsar. Felsefesel temeli Yunan stoacılığının kamutanrıcılığı ve yeni Platonculuktur. Kabala'ya göre, Tanrı kendisini dışlaştırmış ve evrendeki her şeyi bu dışlaşmayla oluşmuştur. Bu oluşma Sefirot (daireler) adı verilen 32 daire aşamasıyla gerçekleşmiştir. (İbrani alfabesinin 22 harfi ve Sefirot adı verilen 10 ilahi rakamın toplamı : 32) 1- İçinde her şeyin tohum halinde bulunduğu ilik özdeksel halita (alaşım) 2- Can veren hava; 3-Su; 4-Ateş; 5-Baş yönü; 6-Ayak yönü; 7-Sağ; 8-Sol; 9-Ön; 10-Arka (Bu kutsal on dairenin, ilk dört dairesi varlığın öğelerini; son altı dairesi de varlığın uzaydaki yerini gösterir. Dkikkat edilirse bu dairelerde Antikçağ Yunan felsefesinin Anaksagoras, Anaksimenes ve Heraklitos, Tales etkileri açıkça görülür.) ; 11-Öz; 12-Nicelik; 13- Nitelik; 14-Görelik; 15-Etki; 16-Edilgi ; 17-Zaman; 18-Uzay ; 19-Sahip Olma ; 20-Karşıtlık (Bu ikinci kutsal on dairede varlığın durumu ve alabileceği biçimler gösterilmiştir. Bunlar açıkça Aristotales'in kategorileridir.) ; 21-Sonsuz; 22- Akıl; 23-Zeka(Bu kutsal üç birinci üçlemedir ve zihin alemini kurar); 24-Bağış ; 25-Adalet; 26-Güzellik; (Bu kutsal ikinci üçlemedir ve ahlak alemini kurar.) ; 30- Zihin Alemi; 31- Ahlak Alemi; 32- Özdeksel Alem . (Üç üçlemeden meydana gelen kutsal dokuzlu son üçleme Tanrı Krallığı'nı kurar.)

Bu dairelerden her biri Tevrat'ın Tanrı'ya verdiği adlardan birini ve sonuncusunu Adonai adını alırdı; hepsi birden Adam Kadmon'dur (Örnek İnsan) .

İlk on daire yaratıcı sözdür (kelam) ; bundan sonra gelen yirmi iki daire bu yaratıcı sözü meydana getiren (İbrani) alfabesinin yirmi iki harfini karşılar. Her harf aynı zamanda belli bir sayıdır. Tanrısal sır bu harf ve sayılarda gizlenmiştir ki, okumasını bilene açılır. " (2)

İslami tasavvuf anlayışındaki 'Vahdet-i Vücut'a benzer, Tanrı, evrenin tümü bütünüdür; tek'tir . Var olan her şey Tanrı'nın bir parçasıdır. Bu anlayış, 'Ortodoks' dinlerden farklı bir Tanrı kavramı vardı. Tanrı 'her şeyi' yaratıp bırakmamıştı; o 'her şey' Tanrı'nın bizzat kendisiydi.

Kuranı Kerim ve hadislerin dış anlamlarının altında bir de iç anlamları vardı ve bunlar yorumlarla anlaşılabilirdi. Bunun o adına 'Batınilik' (içrekçilik) deniyordu.

Yani nasıl, Vahdet'i Vücut felsefesi Kuran'ın 'zahiri' yani dışa dönük bir görüntü ve anlamı olduğunu, bunun dışında ise bir de 'batıni' yani gizli anlamı olduğunu öne sürülmüştür.

İster Kabala, ister Vahdet-i Vücut deyin, evren ile Tanrı'yı bir ve yanı sayan öğretilerin ve inanç sistemlerinin genel adına panteizm deniliyor.

İslam'da 19 sayısının kutsallığına inanan bir mezhep vardı: Babilik. XIX. yüzyılda Şirazlı Ali Muhammed Bab Tanrı'nın aynasıdır ve Bab'a bakan herkes Tanrı'yı onda görebilir. 19 sayısı kutsaldır. Özel takvimlerinde yıl 19 ay, aylar 19 gündür. Mezhebi, 19 kişilik bir kurul yönetir; her 19 günde 19 kişiye yemek verilir; her yıl 19 gün oruç tutulur. Cenk Koray ve Edip Yüksel özellikle Edip Yüksel Nostradamus'a benzeyen yönler Kabala felsefesinde gizlidir.

Kabala özellikle Ortaçağ 'ın başından itibaren İslam ve Hıristiyan gizemciliğini etkilemişti. Eski alfabemizdeki harflerin her birine belirlenmiş birer sayı vererek, bir kelimenin sayısal değerini hesaplama ve bu değerden yola çıkarak, kelimeyle aynı sayısal değere sahip başka kelimeler veya olaylar arasında bağlantı kurmaya İslam'da 'ebced' deniliyor.

Batı'daki adı ise 'nümeroliji' . Arap alfabesinde elif'in (1) ye'nin (10), 'kef'in (20), 'mim'in (40), 'lam"in (30) vb sayısal değeri vardı. Babilik mezhebi neden 19 sayısına kutsallık izafe etmişti? İşte ebced burada devreye giriyor. Bu mezhebe göre, 19 sayısı Tanrı'yı dile getiren 'vahid' ve 'vucud' sözcüklerinin ebced hesabıyla bulunan sayısıydı.

Kabala'da Tevrat'ı okumanın üç temel tekniği mevcut;

Temuria: Sözcükleri oluşturan harflerin değerinin hesaplanması tekniği.

Gematria: Sözcükleri oluşturan harflerin değerinin hesaplanması tekniği.

Notaria: Bir metin şifrelenmesi ve kodlanmasında kullanılan akrostiş tekniği.

Ebced 'gematria' hesabına benziyordu. Örneğin alef (1) bet (2), yod(10) kaf (20) nun(60) tav(400) gibi İbrani alfabesindeki harflerin de sayısal değerleri vardı.

Ebced, özellikle bizim aruzla yazılmış şiirlerimizde görülür; örneğin, şiirin son mısrasındaki harflerin sayısal değeri toplandığında, olayın meydana geldiği tarih ortaya çıkar.

Aynı şekilde, ebced, gizli ilimlerde, gelecek olaylar hakkında tahmnlerde bulunmakta, büyü yapmakta/ bozmakta vb. kullanılır. Buna ise, 'cifr ilmi' denilir.

Kabala'nın, Tanrı'yı, evreni anlama felsefesinin bizdeki adı, Vahdet-i Vücut; Kabala'nın hesap yönteminin bizdeki ismi de 'ebced-cifr'di.

Yahudilik'te Hıristiyanlık ve İslamiyet'in aksine ahiret inancı yoktur. Şöyle ki: Müslümanların cennet ve cehennemi dünya dışında bir mekandır; Yahudilikte ise Mesih'in kuracağı yeni dünyanın mekanı yine dünyadır.

Bu nedenle, bazı Yahudiler dünyayı 'yeryüzü cenneti' yapmak için Kabala'ya dört elle sarılır. Hıristiyan ve Müslümanlar, öteki dünyaya var diye pek dünya işleri ile uğraşmazlar.

Endülüslü Müslüman Muhyiddin Arabi(1165-1239) ise, Vahdeti Vücut felsefesini ilk kez sistematik ve ayrıntılı yazıp 'kitabi' hale getirdi. Vahdet-i Vücut düşüncesi onla özdeşleşti. Mevlana Celaleddin Rumi'yi Şems-i Tebrizi'yle birlikte en çok etkileyen Sadreddin Konevi ; Bektaşiliğin piri Hacı Bektaş-ı Veli ;Alevilerin tarihsel önderi, toplumsal hareketin sembolü Şeyh Bedreddin; tasavvuf şairlerinin en büyükleri Yunus Emre ve Niyazi Mısri; boyunlarını verip inançlarından dönmeyen Bosnalı Şeyh Hazma Bali. İsmail Maşuki; Melamiliğin üçüncü kurucusu Şeyh Muhammed nur gibi ince tasavvuf alimini, şeyhini, liderini etkileyen Vahdet-i Vücut felsefesinin piri Muhyiddin Arabi (İbn Arabi) 'dir.

Türklerin İbni Arabi'den etkilenmesi; Sadrettin Konevi'nin babası Mecdeddin İshak ölmesi üzerine annesiyle İbn Arabinin evliliğidir. Bu tarihsel bağla İbn Arabi hırkasını üvey oğlu, hem de halefi Sadrettin Konevi 'ye bağışlamıştır. Bu hırka bugün Sultan Selim Camisinde bir sandıkta saklanmaktadır.

Kabalacı Moşe Şem Tov de Leon ile 'vahdet-i Vücudun piri İbn Arabi çağdaştırlar. İkisi de Kurtubalı, ikisi de tıp doktoru, ikisi de filozof ve kisi de Aristotales'çidir. Yine Müslüman İbn Rüşd (1126-1198) ile Yahudi İbn Meynun (Moşe ben Maimon) (1135-1204) arasındaki benzerlikler şaşırtıcı değilse Kabalacı Moşe Şem Tov de Leon ile tasavvufçu İbn Arabi benzenliklerde rastlantı değildir.

Kabalacı Moşe ve Vahdeti Vücut'çu Arabi ; her ikisi de –Yahudilerin ilk sürgünde İbranice'yi neredeyse unutup yerine konuştukları – bütün dillerin anası sayılan Arami dilinde yazmışlardı.

Yazdıkları aynı felsefedir. Evrende Tanrı'dan başka hiçbir varlık yoktur. Her şey 'tek'dir . Ayrılıklar görünüştedir; öz aynıdır. Ayrı ayrı görünenler aslında gözün görme yetersizliği, yani bir bilinç yanılsamasıydı. Yani, yaratan ve yaratılan (halik ve mahluk) yoktur; sadece Tanrısal bir varlaşma vardır.

Varoluşçu felsefenin önderi Sartre, 'insan Tanrı olmak çin savaşan bir varlıktır' demektedir. Adına ister Kabala, ister Vahdet-i Vücut deyin, ikisinin özü de benzerdi: 'bir'e ulaşma; bir'de kaybolma : Fena Fillah

İslami tarikatlar arasında Kabala'ya yakın, 'ebced-cifr' benimseyen panteist bir tarikat ve harf ve sayılardan dinsel yorum çıkartan bir tarikat Hurufilik var. Kelam (söz) görünüşünde tecelli eden Tanrı(Hak) kendisine harflerle görüntü buldu. Yani yaratıcı olan harfti. Hurufiliğe göre varlığın görünüşü sesle başlardı. Ses, gizli alemden gelmiş ve evrende her varlıkta var olmuştu. Canlılarda ise potansiyel olarak mevcuttu. Bir cansızı bir cansıza vurursak bu ses meydana çıkardı.

Yani sesin olgunlaşmış hali sözdü. Bu da ancak insanlarda meydan geliyordu. Kuran sözcüğü 'sözlü okuma, ağızla söyleme, yüksek sesle söyleme" anlamına geliyordu. Sesin- sözün aslı harfti. Hurufiliğe göre yaratıcılığı olan harfti. Hurufilik konuşan insanı Tanrılaştırıyordu. Varlık olarak belirmiş olan Tanrı'ydı. Bu da insanda dile gelmişti. İnsan, konuşan Tanrı'ydı (kelamullah-ı natık) Hurufilik'te amaç insandı ve insanın açıklanması Tanrı'yı da açıklamaktı. Hurufiliğe göre, harflerin birbiriyle sonsuz sayıda birleşme olanağı vardı. Harfler insan yüzünde de görünüyordu. Örneğin, Arapça 'ayın' harfi ağız, 'lam' harfi burun, 'ye' harfi çene, bunlar birleşince 'Ali' insan yüzünde belirmiş oluyordu.

Hurufiler, 'elif' harfini burna, burnun iki tarafını iki 'lam' harfine ve gözleri de 'he' harfine benzeterek insanın yüzünde 'Allah' yazılı olduğunu söylerler.

En tanınmış şairlerimizden İmameddin Nesimi, hurufiydi ; bu nedenle deri yüzülerek canı alındı. " Sofular haram dediler, bu aşkın badesine / Ben doldurur ben içerim, günah benim kime ne ?'

Nesimi'nin derisi yüzülmüştü; ama diğer yandan ise Hurufilik Osmanlı Sarayı'hı bile etkilemişti. Fatih Sultan Mehmet Hurufiliğe ilgi duymuştu. Ama bu yakınlıktan korkan Sadrazam (Vezir-i Azam) Mahmud Paşa, şeyhülislam Fadreddin Acemi'yle şibirliği yapıp, oyuna getirdikleri Hurufileri Edirne'deki Üçşerefeli Cami'nin avlusunda yaktırdı. Ateşi üflerken sakalının ve yüzünün yanması çeşitli rivayetlere neden oldu.

Hurufilik kimi araştırmacılar göre bir din, kimilerine göre bir mezhep, kimilerine göre ise bir tarikat olan Hurufiliği bir inanç sitemi olarak kuran Esterabadlı Şihabeddin Fazlullah Hurufi'ydi. (1340-1394)

Hurufi, kırk altı yaşında bir mağarada inzivaya çekilerek 'Mehdi' olduğunu iddia etmişti. Söylemlerinde 'Yuhanna İncil'inden bahsediyor; 12 havari ile 12 imam arasında ilişkiler kuruyor ; İsrail'in 12 kabilesinden bahsediyordu. Etkilendiği eser ise, kendisinden bir asır önce Endülüslü Muhuyyiddin Arabi 'nin yazdığı Fütuhat adlı kitaptı.

Fazlullah 'ın inancını dayandırdığı esaslar kabaca Pitagoras ve Yahudi Kabalası'ndan alıntılardı. Şihabeddin Fazlullah Hurufi'den önce de İslam alimleri harflerin kutsallığı üzerinde çok durmuşlardı. Örneğin, Endülüslü düşünür Muhiyyiddin Arabi, Endülüslü Yahudi Kabalacıların etkisinde kalıp, harflere büyük önem vererek Fütuhat ül-Mekkiye adlı kitabını yazmıştı.

Orhan Hançerlioğlu'nunda söylediği gibi bu savların kaynağı Antik Yunan felsefesinin doğatanrıcılık anlayışıydı. İnsanoğlu bu felsefeyi Kabala ve Vahdet-i Vücudu Yahudi ve Müslüman mistikler aracılığıyla yayılsa da daha eski kadim bilgilerden aktararak getirmiştir.

Doğuş yerleri Yahudilik ve Hıristiyanlık için Filistin toprakları Müslümanlık için ilan ediliş yeri Filistin (Hz. Hatice'nin amcası olan Yahudi Hahamı son peygamberin Hz. Muhammed 'in olabileceğini kaburgasındaki benden dolayı işaret etmişti) ve doğuş yeri Arabistan Yarımadası olsa da zamanla Batı'ya yönelmeleri ile Antik Yunan felsefesiyle karşılaşmışlardı. Aristotales, Platon, Herodotos, Sokrates, Pitagoras, Tales, Arhimedes ve Eukleides'ten etkilendiler.

Hesiodos (M. Ö. 700'lü yıllar) 'Tanrılar ile insanlar aynı köktendir. "

Anaksimandros(M. Ö. 500-428) "Güneş ve yıldızlar nurdan değil, Dünya ile aynı maddelerin akkor haline gelmesiyle oluştu. Ay'da dağlar ve vadiler vardı. '

Demokritos (M. Ö. 460-370) "Ruh denilen şey atom organizasyonudur. Bu organizasyon bozulunca ruh kendiliğinden yitip gider. '

Alkidamas (M. Ö. 400-320) 'Tanrı herkese özgürlük vermiştir; kölelik kabul edilemez. '

Aristarhos (M. Ö. 310-230) 'Dünya'nın kendi ekseninde ve Güneş'in etrafında döndüğünü tahmin ediyorum. '

Herofilos (M. Ö 30'lü yıllar) "Kan dolaşımı kalpten başlıyor. '

İslam düşünürü el-Biruni de (973- 1051) bu etkiyi kabul etmişti:" İslam medeniyeti Yunan medeniyetinin bir devamıdır. ' Hıristiyanlık'ta etkilenmemiş 'Baba-Oğul- Kutsal Ruh' üçlemesini Hıristiyanlık'tan çok önce, Platon (MÖ 427-347) formüle etmişti. Tanrı'nın Logos (söz) diye bir oğlu ve sofos(bilgelik) diye bir kızı olduğunu savunmuş, 'Tanrı-Logos-Sofos' üçlemesi oluşturmaktadır.

Hançerlioğlu'ya göre ister Kabala, ister Vahdet-i Vücud olsun, ikisinin de kaynağı, 'diyalektiğin atası' sayılan Herakleitos'tu (M. Ö 540-480) ' Her şey karşıtların çatışmasından doğar ; evrendeki bütün nesneler bir ve aynı unsurun değişmeleridir. "

Alman filozof Friderich Hegel (1770-1831) 'Varlık, özü gereği kendini aşar ve karşıtına dönüşür' derken Herakleitos'dan etkilenmiştir. İslam'ın çağın ve aklın verilerine göre yorumlamaya çalışan tasavvuf bilginleri ne diyordu. ' Yaratılış diye bir şey yoktur, varlık birliği vardır. Varlık evrende ne varsa, canlı cansız tümünden belirtilmektedir. Ne başlangıç vardır, ne son; var olan varlığın belirtileridir. İnsan da, hayvan da, bitki de, okyanus da yanı varlığın çeşitli görünüşleridir. Hiçbir şeyin kendine özgü varlığı yoktur. " Karl Marx'ın (1818-1883) diyalektiği bilimsel hale getiren sol Hegelist'tir. (3)

ON BİRİNCİ BÖLÜM

Güzel İnsanı Yaratacak Tarihi Bilinç

İnsanın insanlaşma kavgası doğayı ehlileştirme çabasıyla başat gitmiştir. Doğayı ehlileştirirken kendisini de ehlileştirmiştir. Bilgi birikimini kuşaktan kuşağa aktarmıştır. Her kuşak bir önceki kuşağın bilgisini katlamıştır.

Bilginin gerçek anlamda sıçrayıp bilince dönmesi süreci aydınlanmayla olmuştur. Yani insanın kendinde bilince ulaşması burjuvazinin tarih sahnesine çıkmasıyla ortaya çıkmıştır.

Elbette burjuvazi sırtında geçmiş toplumların tarihcil devriminin yükleriyle bu bilince ulaşmıştır. Sonunda da Sosyal devrimini gerçekleştirmiştir. Burjuva Devrimi yaratan bilinç, kendinde bilinçtir.

Peki, kendinde bilinç nedir? Kendinde bilinç insanın doğayla savaşında edindiği bilgi birikimini yalnız teorik bilgi olarak değil, aynı zamanda pratik bir süreç haline getirmesidir. Bu pratik süreçte burjuvazinin devrimci yönünü aydınlanma devrimiyle görüyoruz.

Tüm dünya yankı bulan en özgün halinin Fransa'da yaşandığı aydınlanma devrimi burjuvazinin sankülotlarla (külotsuzlar, baldırı çıplaklar ya da ayaktakımıyla) birlikte Fransız feodalitesini yıkışıyla olmuştur. Bu devrim dünyadaki burjuva demokratik devrimler içinde en özgün olanıdır. Diğer Avrupa ülkelerindeki burjuvazi feodaliteye taviz vererek karma bir yapıya sahiptir.

Fransız burjuvazisi bu dönemde ittifak kurduğu işçi ve köylülere silah dağıtmıştır. Engels'in de belirttiği gibi bu dönem burjuva demokrasilerinde en demokratik dönem olma özelliği göstermektedir. Tarihi arka planına bakarsak barbarların askercil demokrasi dediğimiz ve devletin oluşmadığı klanın üyelerinin hepsinin silahlı olduğu eşit ve anaerkil dönemle benzerlik gösterir. Daha sonraki süreçte de Paris komününe ebelik etmiştir.

Fransız Burjuvazisi burjuvazinin dünyada ilk ve tek büyük devriminin sonuçlarını da tez elden gören ilk kendinde sınıftır. 'Zincirlerinden başka kaybedecek şeyi olmayan' ve 'kendi mezar kazıcısı' işçi sınıfının nefesini ensesinde hissederek hemen çark etmeyi ve ölümüne işçi sınıfına karşı mücadele etmeyi de unutmamıştır.

Peki, biz işçi sınıfı; Yunan sitelerinin paryaları, Fransa'nın sankülotlan ve modern çağın proletaryası tarih sahnesine ne zaman çıktık? İşte kilit nokta budur. Bu yakıcı soru bizim 'kendinde sınıf 'kendi bilincinde sınıf olabilmemizin anahtarı olan sorudur.

Burjuvazinin verdiği hiçbir sözü tutmadığı, zulmünü her geçen gün artırdığı kapitalizmin üretim anarşisi döneminin sonlarına gelindiği süreçte gerçekleşmiştir. Bu dönemde ayak takımı hızla proleterleşerek kendisine reva görülen iğrenç koşullara baş kaldırır. Günde 18 saati bulan çalışma koşullarını; 8 saat iş, 8 saat uyku, 8 saat temel ihtiyaçlar karşılayacağı şekilde organize edilmesini ister. Sonuçta çetin bir mücadelenin içinde kendini bulur. Bu süreç Paris Komünü yaratır. Paris Komünü 72 gün süren işçi sınıfının ilk iktidar deneyimiydi. Kan ve gözyaşıyla bastırıldı.

Bütün bu tarihi süreç şunu göstermektedir. Aydınlanma devrimiyle başlayan burjuvazinin devrimci iktidarı Paris Komününe kadar geçen süreçte ne kadar gericileştiğini gözler önüne sermiştir. Proletaryanın iktidarı ile burjuvazinin iktidarının hiçbir zaman bir arada olamayacağı çok net ortaya çıkmıştır. Gözümüzde çok büyüttüğümüz sürekli ona öykündüğümüz burjuvazinin gerçek yüzü gerçek devrimci karakteri böylece ortaya çıkmıştır.

Ülkemize dönersek burjuva devriminin Avrupa ülkelerinin devrimlerinden farklı bir süreç izlediğini görürüz. Ülkemizin burjuvazisi kendi pazarına sahip çıkan bir burjuvazi değildir. Mandacı, işbirlikçi, hatta zaman zaman kompradorlaşan omurgasız bir burjuvazidir. Burjuvazimiz Emperyalist güçlerin çizmelerini yalamakla meşgulken tarihi köklerini klan demokrasisinden alan gazi geleneğinin yansıması askerler bağımsızlık yanlısı yoksul halkın emperyalistlerin işgaline karşı yarattığı meclisleşme yani Kuvayi Milliye damarıyla burjuva devrimini gerçekleşmiştir. Ancak kendi içinden çıkan evlatlarının zaman içinde klan geleneğinden gelen damarıyla sosyalizme evrilmeleri onu fazlasıyla korkutmuştur. Bu korku sarıldığı gerici feodal yapının bugün kendi temellerini tehdide kadar varmıştır.

Bu gün hala burjuvazinin aydınlanma kültürüne öykünenlerin olduğu ortadadır. Elbette aydınlanma bir dönemiyle devrimci bir öz taşımıştır. Sanki bütün ülkelerin sosyal devrimleri aynı süreçten geçmiş gibi şablonlarla düşünüp, şablonlarla hareket etmenin, yaşam akarken durmanın ve seyretmenin teorisin yaratmanın ağır bedellerini geçmişte ödedik, hala ödemeye devam ediyoruz.

Aramızda Çin Setti kadar mesafe varken hala burjuvazinin ahlakı, sanatı, yaşamı, üretimi, demokrasisi derken burjuva olan her şeyi savunuyoruz.

Oysa devrim hayatı yeniden şekillendiren sınıfın eseri olacaktır. Kitlelere kendi ahlakımızı, kendi sanatımızı, kendi üretim ve bölüşüm anlayışımızı öğretemezsek ne yazık ki ancak burjuvazinin demokratik alanında debelenmeye ya da kazandığımız halk demokrasisi ya da proletarya diktatörlükleri kazanmalarını burjuva demokrasilerine ve kapitalist üretime teslim etmek ve hep geriye dönmek zorunda kalacağız.

Kendi ütopyalarına inanmayanlar başkalarının hayatlarını yaşayan ancak ve ancak öykündüklerinin kötü kopyaları olurlar.

Çözüm nedir çözüm güzel insanı yaratmak için kendi ütopyamızın sınırları net bir şekilde çizmek. Kapitalizmin bütün engellemelerine rağmen üretim, bölüşüm ve ahlaki olarak geleceğin yaratıcısı olan işçi sınıfını dünyanı şekillendirecek teorisini üretmek ve pratik süreçte bu ütopyayı gerçekleştirirken bunu bilince çıkartmak olmalıdır. Bu 'YENİ İNSANI'; 'GÜZEL İNSANI' yaratmak için kolları sıvamakla olur.

Kaynakça

Giriş

1. Bilim ve Gelecek Yıl :2004 Sayı :5 Eski Doğu' da ütopya, bir ütopya mı?, Ender Helvacıoğlu, s.15
2. age s.15
3. age s.16 (Aktaran Harro von Senger, Savaş Hileleri –Strategemler 2, Çev:- Metin Özbalta, Anahtar Kitaplar, Kasım 2003, s. 17)
4. age s.17
5. age s.19
6. Bilim ve Gelecek Yıl:2004 Sayı:513. Yüzyıl Anadolu devriminde ütopik yaklaşım ve uygulamalar Ömer Tuncer s.30
7. age s.32
8. age s.32-33

Birinci Bölüm: Ve Enel Hak Dedi Hallac-ı Mansur

1. Bağdat'ta Ölüm Hallac-I Mansur, Wolfgang Günter Lerch, Yurt Yayınları, Çeviri : Atilla Dirim
2. HallacıMansur Tavasin "Enel Hak", Çev. Yaşar Günenç, Yaba Yayınları, 2. Basım, Ocak 2001
3. Hallacı Mansur Louis Massıgnon (Anadolu Aleviliğinin Felsefi Kökleri, Derleyen :Prof. Dr. Niyazi Öktem Ant Yayınları
4. Türklerin Kültür Kökenleri, Ergun Candan, Sınır Ötesi Yayınları 3. Baskı Kasım 2002 İstanbul
5. Hallac-ı Mansur ve Eseri, Yaşar Nuri Öztürk Yeni Boyut, İstanbul 1997. 4 Baskı s.383-384

İkinci Bölüm: Hassan Sabbah, Alamut Kalesl ve Haşhaşiler Gerçeği

Dipnotlar:
1. Farhad Daftary, Ismailis, Their history and doctrines, London: Cambridge University Press, 1990, s. 336-338
2. Von Hammer (1774-1856) "Assasinlerin Tarihi" History of the Assassins, London-1935, s. 78
3. Ibn Khallikan, "Wafayat al-Ayan" 1st vol., s. 415
4. Suriyeli İsmaili araştırmacı Dr. Moustapha Ghaleb, Dr. Sheikh Khodr Hamawi'nin Introduction To Ismailism (Beirout, 1970)
5. Arif Tamer, La Qasida Safıya, Texte arabe établi et annoté, Dar el Machreq Editeurs-Emprimerie Catholique, Beyrouth, 1967, "Giriş Bölümü"
6. W. İvanow (1886-1970) Alamut and Lamasar (Tahran, 1960, s. 26)
7. age s. 21
8. Arkon Daraul, A History of Secret Societies, Citadel Press 1961/1989
9. Farhad Daftary, Ismailis, Their history and doctrines, s. 365, 366, 367
10. Muhammed bin Abdul-Kerim el–Şehristani'in, Kitab el – Milal'ind Hasan Sabbah'ın Fusul-i Arba'a (Dört Fasıl) Türkçesi İsmail Kaygusuz
11. Muhammed bin Abd al-Kerim al–Shahristani, Çev. Jean-Claude Vadet, Kitab el – Milal (Les Dissidences de l'Islam), s. 315-319) (11)

Kaynaklar:
1. Terör ve suikast okulu: Haşşaşin Avni Özgürel 17. 09. 2001 Radikal
2. Batınilikten Haçlılara. . . Avni Özgürel 10. 07. 2005 Radikal
3. Hasan Sabbah Ve Alamut İsmailileri İsmail Kaygusuz

Üçüncü Bölüm: Kathar Şövalyelerinden Şeyh Bedrettin Yiğitlerine Ortakların Eşit Bir Dünya Düşü

Dipnotlar:
1. Felsefe Terimleri Sözlüğü s. 9
2. Simavne Kadısı Oğlu Şeyh Bedrettin Destanı s. 246
3. Boyna takılan büyük mermer taş ; Halk arasında Hacı Bektaş taşı diye de bilinir.
4. Simavne Kadısı Oğlu Şeyh Bedrettin Destanı s. 256

Kaynaklar:
1. Felsefe Terimleri Sözlüğü Prof. Dr. Bedia AKARSU Savaş Yayınları 1984 3. Baskı
2. Benerci Kendini Niçin Öldürdü ? Nazım Hikmet Adam Yayınları Şubat 1995 11. Baskı, Simavne Kadısı Oğlu Şeyh Bedrettin Destanı"
3. Gülün Ötesi Adı Mine G. Saulnier Cep Belgesel 1990 2. Baskı
4. Sosyalizm ve Sosyal Mücadelelerin Genel Tarihi Çev. Galip Üstün Can Yayınları 1989 3. Baskı

Dördüncü Bölüm: Selçukludan Miras Bir Sorun: Kendi Ulusal Gücümüze Dayanmamak

1. Claude Cahen, Anadolu'da Türkler, Çev. Yıldız Moran, İst. 1984, E Yay. s. 44-45

2. Georg Ostrogorsky, Bizans Devleti Tarihi, Çev: Prof. Dr. Fikret Işıtlan, Ankara 1981, TTK Yay. s. 307

3. Levçenko, Bizans, Çev: Erdoğan Berktay, İst. 1979, Milliyet Yay. S. 218

4. M. G. S Hodgson, İslam'ın Serüveni, Bir Dünya Medeniyetinde Bilinç ve Tarih, İst. 1993, İz Yay. C. II s. 49

5)   Suat Parlar, Kürtler ve Türkler Ortadoğu'da İktidar ve İsyan Gelenekleri Bağdat Yay. 2005 s. 19-20

Beşinci Bölüm: Babailer : Anadolu Devrimin Kavşak Noktası
Baba İlyas Baba İshak Menteş ve Hacı Bektaş Hakkındaki Gerçekler

1. Mağara ile ilgiler kaynak bilgiler Tokat İl Özel İdaresi dokümanlarından derlenmiştir ve de Tokat Kültür Araştırma Dergisi, Sayı: 15, Tokat, Valilik Yayınları, Ballıca Mağarası Araştırma Raporu'dan yararlanılmıştır.

2. Elvan Çelebi, Menakıbu'l-Kutsiyye Fi Menabıbı'l –Ünsiyye baba İlyas-ı Horasanî ve Sülalesinin Menkabevi tarihi, Haz. İsmail B. Erünsal, Ahmet Yaşar Ocak, TTK. Yay., Ank. 1995

3. Dr. İsmail Kaygusuz: "Baba Resul" Alev Yay. İst. 2001 ve İbni Bibi; "Anadolu Selçuklular Tarihi"; Çev. : Prof. Dr. Mürsel Öztürk, I-II cilt, Kül. Bak, yay. Ank. 1996 ve V. GORDLEVSKİ, : "ANADOLU SELÇUKLU DEVLET"İ, Çev. : Azer YARAN, Ankara, Onur Yay. adlı eserlere bakınız.

4. Prof. Dr. Ahmet Yaşar Ocak: "Babailer İsyanı, Aleviliğin Tarihsel Altyapısı yahut Anadolu'da İslâm-Türk Heteredoksisinin Teşekkülü" 2. Bas. Dergâh Yay. 1996 İst.

5. Dr. Mikail Bayram: "Baba İshak Harekakatının Gerçek Sebebi ve Ahi Evren ile İlgisi", Diyanet Dergisi Cilt:18 Sayı:12 Mart-Nisan 1970 s. 69-78 ve "Babailer İsyanı Üzerine", Hareket Dergisi, Mart 1981 s. 16-28

6. Dr. İsmail Kaygusuz: "Babailer ve Babai Ayaklanması", Yol Dergisi Sayı:7, Eylül-Ekim 2000 Ank.

7. Gadi NASSİ: "İki Bizans Gizemci Hareketi ve Osmanlı Tasavvufunun Doğuşu", Tarih ve Toplum Dergisi Sayı:111. Mart 1993 s. 40-45

8. Gregory Abu'l Farac (Bar Hebraeus), Abu'l-Farac Tarihi cilt: I. ve II. Çev. Ömer Rıza Doğrul, TTK. Yay., Ank. 1987

9. Prof Dr. Osman Turan: "Selçuklular Tarihi ve Türk İslâm Medeniyeti" İst. 1969 ve Prof. Dr. Faruk Sümer: "Oğuzlar" İst. l980 ve Prof. Dr. Taner Timur: "Kuruluş ve Yükseliş Döneminde Osmanlı Toplumsal Düzeni" 2. Bas. Turan Kit. Ank. 1979 ve Prof. Dr. Fuat Köprülü: "Osmanlı Devleti'nin Kuruluşu", TTK. yay. 2. Bas. Ank. 1984 adlı eserlere bakınız.

10. E. Werner, Çev. O. Esen-Y. Öner: Büyük Bir Devletin Doğuşu. İstanbul 1986: 98V. : V. Gordlevski, Çev. Azer Yaran: Anadolu Selçuklu Devleti. Ankara 1988: 130, 132.

11. V. Gordlevski 1988: 162-164.

12. İ. Kaygusuz: Görmediğim Tanrıya Tapmam. İstanbul 1996: 80-81.

13. Aşık Paşaoğlu Tarihi. Haz. Atsız, 2. Basım, Ankara 1992: 164-165.

14. Hacı Bektaş Veli-Vilayetname. Haz. A. Gölpınarlı, İstanbul 1990: 18; Hacı Bektaş Veli-Vilayetname. Haz. Esat Korkmaz, İstanbul 1995: 37-38.

15. Bedri Noyan: Alevilik Bektaşilik Nedir? 2. baskı, Ankara 1987: 510-511; Mehmet Şimşek: Hıdır Abdal Sultan Ocağı. İstanbul 1991: 68.

16. Aşık Paşaoğlu Tarihi. Haz. Atsız, 2. Basım, Ankara 1992: 165.

17. A. Yaşar Ocak 1989: 71-72.

Altıncı Bölüm: Osmanlıyı Kuran Anadolu Ahi Devleti ve İlk Meclisleşme

1. Osmanlı Tarihleri I, Düzenleyen Çiftçioğlu N. Atsız s. 237-238 Türkiye Yayınevi 1949

2. Halil İnalcık Osmanlı İmparatorluğu Üzerine Araştırmalar l Klasik Dönem (1302-1606) Siyasal, Kurumsal ve Ekonomik Gelişim Türkiye İş Bankası Kültür Yayınları s. 32-33

3. Abdülbaki Gölpmarlı Tarih Boyunca İslam Meshepleri ve Şiilik, s. 67 1965

4. Dr. Neşet Çağatay, Dr. İbrahim Agah Çubukçu, İslam mezhepleri Tarihi, s. 4 1965

5. age s. 2

6. Halil İnalcık Osmanlı İmparatorluğu Üzerine Araştırmalar l Klasik Dönem (1302-1606) Siyasal, Kurumsal ve Ekonomik Gelişim Türkiye İş Bankası Kültür Yayınları s. 28-34

7. M. Fuad Köprülü, Osmanlı İmparatorluğunun Kuruluşu, s. 160-161

8. Alevilik, Bektaşilik Toplumsal Bir Başkaldırının İdeolojisi Cem Yayınları S. Baskı 1996 s. 88-109

9. M. Fuat Köprülü, Edebiyat Araştırmaları 2, s. 369

10. M. Fuat Köprülü, Osmanlı İmparatorluğunun Kuruluşu 2. Baskı 1972

11. Doç. Dr, Abdurrahman Güzel, Kaygusuz Abdal'ın Mensur Eserleri s. 23, 1983.

12. Vahidi Kitab-ı Tevaifi Aşere (On Tarikatın Kitabı)

13. Fahir İz, Eski Türk Edebiyatında Nesir s. 121, 1964

14. İslam Ansiklopedisi Baba Tahir Üryan maddesi c. 2, s. !66

15. age c. 4 s. 201-207

16. Ömer Lütfi Barkan İstila Devirlerinin Kolonizatör Türk Dervişleri ve Zaviyeleri Vakıflar dergisi c. 2. s285. 1942

17. Cevdet Türkay Başbakanlık Arşivi Belgelerine göre Osmanlı İmparatorluğunda Oymak, Aşiret ve Cemaatlar, 1979

18. Abdülkadir İnan Şamanizm s. 76, 1974

19. Abdülkadir İnan Şamanizm s. 80 1974

20. Fuad Köprülü İlk Mutasavvıflar, s. 53 (Hacım Sultan Velayetnamesil976

Yedinci Bölüm: Şeyh Bedrettin ve Ortakların Eşit Bir Dünya Düşü

Dipnotlar:
1. Hikmet KIVILCIMLI Sosyalist Gazetesi Sayı: 1-2-3-4-5-6-7 20 Ocak 1966 - 22 Aralık 1970
2. a. g. e.
3. -Radi FİŞ Bende Halimce Bedreddinem Yön Yayınları (s: 130-131-132-133)
4. a. g. e (s:163)
5. a. g. e (s:163)
6. a. g. e (s163)
7. a. g. e (s167)
8. Bir istiladan kaçan kitleler kendiliğinden otoriteye karşı çıkmazlar otoriteden çözüm beklerler onlar problemleri ortadan kalkacaksa otoritenin yanında da rahatça yer alabilirler onların otoriteye başkaldırmaları için öncelikli olarak ondan umudu kesmiş olmaları yani otoritenin de artık yönetemez hale gelmesi –ki Beyazıt yenildikten sonra Anadolu'da ciddi bir otorite boşluğu yaşanmaktaydı- ve onları bu yolda savaşmaya itecek bir etkenin ortaya çıkması gerekmektedir işte bu da Bedreddin'dir.

Kaynaklar:
1. Radi FİŞ Bende Halimce Bedreddinem (Yön Yayınları)
2. İsmet Zeki EYÜBOĞLU Şeyh Bedreddin ve Varidat (Der Yayınları)
3. İsmet Zeki EYÜBOĞLU Anadolu İnançları
4. Irene MELİKOFF Uyur İdik Uyardılar (Cem Yyınları)
5. Vecihi TİMUROĞLU İnançları Uğruna Öldürülenler (Yurt Yayınları)

Sekizinci Bölüm: Şah İsmail (Şah Hatayi) : Tekkeden Devlete Safevi Devleti

Dipnotlar:

1. Eski Türklerde sözlü edebiyatın masal anlatıcılarına verilen ad.
2. Erdebilli Şeyh Safi ve Buyruğu Mehmet Yaman şu kaynaklardan aktarıyor; Safevilerin Kökenine Dair Mirza Abbaslı / John E. Woods Akkoyunlular Milliyet 1993 / mezhepler ve Tarikatlar Tarihi Enver Sehnan Şapolyo İstanbul 1964
3. Mirza Muhammed Ali Terbiyet'in Danişmendan-ı Azerbaycan'ndan aktaran, Safevilerin Kökenine Dair/ Mirza Abbaslı
4. Erdebilli Şeyh Safi ve Buyruğu Mehmet Yaman İstanbul 1994 s. 33 de Abbaslı age eserinden aktarıyor.
5. Şah İsmayıl Hatayi Geçme Namerd Köprüsünden, Şerler ve Poemalar Baki Yazıcı 1988 s. 10-11
6. Sadedin Nüzhet Ergun, Hatayi Divanı, s. 164 no. 166
7. Abdülbaki Gölpınarlı, Alevi – Bektaşi Nefesleri İstanbul 1963 s. 63-82

Kaynaklar:

1. Osmanlı Tarihi, Ord. Prof. Dr İsmail Hakkı Uzunçarşılı
2. İslam Ansiklopedisi Safeviler Tahsin Yazıcı
3. İslam Ansiklopedisi, Kızılbaşlık, Abdülbami Gölpınarlı
4. Safevi Devletinin Kuruluşu, Prof. Dr. Faruk Sümer
5. Şah İsmail Hatayi İbrahim Arslanoğlu Der Yayınları İstanbul 1992
6. Erdebilli Şeyh Safi ve Buyruğu Mehmet Yaman İstanbul 1994
7. Görmediğim Tanrıya Tapmam (Alevilik-Kızılbaşlık ve Materyalizm), İsmali Kaygusuz, Alev Yayınları Ağustos 1996

Dokuzuncu Bölüm: İngiliz Gravürcü, Ressam, Felsefeci ve Şair William Blake'in Ütopik Toplumcu Düşünceleri

Dipnotlar:
1. Peter Marshall Bir Anarşist Olarak William Blake Çev: Rahmi G. Öğdül 1. Baskı Ekim 1997 Altıkırkbeş Yayınları s. 9
2. age s. 10-11
3. William Blake
4. William Blake
5. age s. 30
6. age s. 31
7. age s32
8. Tolstoy'un The Kingdom of God Is Within You [İçinizdeki Tanrının Krallığı] ve Peter Marshall'ın William Blake: Visionary Anarchist [William Blake: Düşsel Anarşist].
9. William Blake s. 35
10. Belli Başlı Anarşist Düşünürler Kimlerdir ? Anarşist Bakış Sitesi
11. Bayan Blake Niçin Ağladı? yazan Marsha Keith Schuchard Çeviren Lupus Lazuli - Translation Copyright 2003 hermetics. org All Rights Reserved. Esoterica, 2001

Kaynaklar:

1. Peter Marshall Bir Anarşist Olarak William Blake Çev: Rahmi G. Öğdül 1. Baskı Ekim 1997 Altıkırkbeş Yayınları
2. Bayan Blake Niçin Ağladı? yazan Marsha Keith Schuchard Çeviren Lupus Lazuli - Translation Copyright © 2003 hermetics. org All Rights Reserved. Esoterica, 2001
3. William Blake Cennet ve Cehennemin Evliliği çev. Tozan Aklan Bordo Siyah 2004
4. William Blake Masumiyet ve Deneyim Şarkıları çev. Tozan Aklan Bordo Siyah 2004
5. William Blake Seçme Şiirler çev. Tozan Aklan Bordo Siyah 2004

Onuncu Bölüm: Kabala ve Vahdet-i Vücut'taki Diyalektik Öz Antik Yunan'da mı Gizli ?

1. İslam İnanç Sözlüğü Orhan Hançerlioğlu 1994 s. 104.
2. age s. 218
3. Beyaz Müslümanların Büyük Sırrı Efendi -2 Soner Yalçın Doğan Kitap 2006 s. 13-25

www.tilkikitap.com
"türkiye'nin en büyük kitap platformu"

www.tilkimagaza.com
"kitap satış sitesi"

www.kulekitapyayinevi.com